AF273350

A MÍ NO ME HA PASADO NADA

Ana Marcos es licenciada en Periodismo por la Universidad Complutense de Madrid y Máster de periodismo El País y la UAM. Trabaja en *El País*, donde forma parte del equipo de investigación de abusos en el cine, con Elena Reina y Gregorio Belinchón. Antes, fue corresponsal en Colombia y siguió los pasos de Unidas Podemos en la sección de Política.

ANA MARCOS

A MÍ NO ME HA PASADO NADA

Por qué normalizamos
la violencia sexual
contra las mujeres

Papel certificado por el Forest Stewardship Council®

Primera edición: febrero de 2025
Primera reimpresión: abril de 2025

Printed in Spain – Impreso en España

ISBN: 978-84-10433-31-1
Depósito legal: B- B-21.211-2024

Compuesto en La Nueva Edimac, S. L.
Impreso en Huertas Industrias Gráficas, S. A.
Fuenlabrada (Madrid)

C 4 3 3 3 1 1

Para Carmela y Telmo. Espero que el día que podáis leerlo, este libro sea un capítulo de un pasado que ya superamos

A José, por todo

Índice

Prólogo

En enero de 2023, el periódico *El País* formó un equipo para investigar si en el sector audiovisual español se daban dinámicas de poder que pudieran derivar en agresiones sexuales contra las mujeres. Desde entonces, como miembro de ese equipo, he dedicado gran parte de mi tiempo profesional y personal a recopilar, contrastar y confirmar testimonios de mujeres de este sector que se acercaron a mí, sin conocerme, para contarme sus duras vivencias.

Esta experiencia periodística, en la que aún sigo trabajando, está relatada en este libro que tienes ahora en tus manos. Se trata de una profunda reflexión profesional, pero también personal, que no se centra únicamente en mi experiencia investigando para llegar a las dos informaciones publicadas sobre el cineasta Carlos Vermut, sino que pretende convertirse en una aportación a este profundo debate social sobre la violencia contra las mujeres en el que estamos inmersas, sobre todo desde 2017, cuando comenzó el movimiento Me Too que dio impulso a la última ola feminista.

No encontrarás en estas páginas un juicio sumario a uno o varios hombres. Sí espero que al leerlas entiendas cómo es una parte del periodismo de investigación, los exhaustivos y exigentes procesos de verificación a los que se somete mi trabajo y que han permitido que el relato de muchas mujeres no haya sido cuestionado, aunque su denuncia haya sido únicamente a través de un medio de comunicación.

Como explico al final del libro, en ningún momento mi objetivo fue ir en busca de delitos; no es mi trabajo señalar la culpabilidad de nadie, ni en este asunto concreto ni en ningún otro que haya podido tratar a lo largo de mi carrera periodística. Me enrolé en este equipo de investigación con el mismo objetivo con el que escribo cualquier otra información, con la vocación de dar un servicio público que conciencie y lleve al cambio. A veces esos cambios llegan desde la conciencia colectiva, y en otras ocasiones se materializan en decisiones institucionales.

Ninguna de las mujeres que aparecen en este libro han optado por denunciar a los hombres que señalan como sus supuestos agresores. Y en el caso concreto de Carlos Vermut, por el momento, tampoco se nos ha notificado ninguna denuncia contra el equipo de investigación.

«A mí no me ha pasado nada»: ninguna queremos ser una víctima

Fue un sábado de mediados de enero el día que llamamos a Carlos Vermut por primera vez. Después de casi un año de investigación, nos faltaba la que en ese momento creíamos que sería la última llamada antes de poder publicar. Quedé con mis compañeros Gregorio Belinchón y Elena Reina (los tres formamos el equipo de investigación sobre abusos en el cine de *El País*) sobre las diez de la mañana en el periódico. Habíamos acordado que le llamaríamos en torno a las once, por si el cineasta no era de madrugar. Nos metimos en el despacho de nuestro jefe y durante casi una hora nos preparamos para una de las conversaciones más complicadas de nuestra carrera: teníamos que decirle a un hombre que en pocos días iba a salir a la luz una información que recogía la acusación de distintos tipos de violencia sexual por parte de tres mujeres. Debíamos darle la oportunidad de responder antes de que esa información se hiciese pública.

En esa hora de espera, hasta que llegaran las once de la mañana, simulamos la conversación. Elena se interpretaba a sí misma y yo hacía de Vermut. En aquel momento solo se me ocurrieron dos escenarios posibles.

ELENA: Buenos días. ¿Carlos? Soy Elena Reina, periodista de *El País*. ¿Tienes un momento para hablar?

ANA, haciendo de Vermut [como buena *millennial*,
represente el teléfono con los dedos índice y pul-
gar]: Hola, sí, dime.

ELENA: Te llamo porque, después de un año de investigación, vamos a publicar una información en la
que tres mujeres te acusan de varios tipos de agresiones sexuales.

ANA/VERMUT: ¿Qué me estás contando? ¡Todo eso es
mentira! ¡Os voy a denunciar!

ELENA: Entiendo que es una llamada compli...

ANA/VERMUT: Me queréis destrozar la vida. No tengo
nada que decir, tendréis noticias de mi abogado.

Pi, pi, pi...

ELENA: Buenos días. ¿Carlos? Soy Elena Reina, periodista de *El País*. ¿Tienes un momento para hablar?

ANA/VERMUT: Hola, sí, dime.

ELENA: Te llamo porque, después de un año de investigación, vamos a publicar una información en la
que tres mujeres te acusan de varios tipos de agresiones sexuales.

ANA/VERMUT: No me puedo creer lo que me estás
diciendo. No entiendo nada. Jamás en mi vida he
agredido a una mujer.

Elena: Sé que es una llamada complicada. Nos gustaría contar con tu opinión antes de publicar la información, tienes derecho a contestar. Si te parece bien, te puedo ir dando algunos detalles, sin desvelar la identidad de estas mujeres; tenemos que proteger su derecho al anonimato.

Ana/Vermut: Sí, entiendo, pero no tengo nada más que añadir. Todo es mentira. Nunca he agredido a nadie. Todas mis relaciones han sido con consentimiento. Esto es lo que me gustaría que quedara por escrito.

Elena: Vale, pero nos gustaría explicarte las acusaciones.

Ana/Vermut: No tengo nada más que decir. Buenos días.

Elena: Buenos días.

Si leísteis la primera de las dos informaciones, que publicamos el 25 de enero de 2024, ya sabéis que no se dio ninguno de estos escenarios. La llamada de aquel sábado no fue la última. Ese día hablamos dos veces con él. La primera, tal y como habíamos acordado, fue a las once. Conversamos durante aproximadamente media hora. Al rato, él nos llamó de vuelta.

En esas llamadas no hubo gritos ni malas palabras, mantuvimos una conversación que en ningún caso habíamos previsto. Dos días después, el lunes, volvimos a llamar al director. La información de esas tres charlas, resumida y repartida a lo largo del texto, fue la que se publicó casi una semana después de que Elena y yo hiciéramos la simulación. Con el tiempo, me he dado cuenta de que ese día ninguna de las dos encarnó los roles que nos habíamos impuesto, el de una periodista y un cineasta que supuestamente había agredido a varias mujeres sino que solo fuimos dos mujeres, aplicando el sentido común mediado por décadas de socialización femenina.

Yo creía que, si le decíamos a un señor que tres mujeres le acusaban de violencia sexual, él se sublevaría, se acordaría de toda nuestra familia, nos demandaría por una cantidad millonaria y nos dedicaría la peor de sus películas. Pero no fue así. Intentó reconducir la conversación para hablar sobre promiscuidad y relaciones sexuales violentas. Como si follar fuerte y con muchas mujeres pudiera llegar a ser objeto de una investigación periodística o, peor aún, sirviera para justificar que entre tanto sexo salvaje se pudieran colar otras cosas así, como sin darse cuenta.

¿Cómo era posible que el tipo no nos hubiera insultado?, me preguntaba, dudando una vez más de mí misma. En el momento de aquella conversación tan solo habían pasado unos meses del #SeAcabó. En mi cabeza supuestamente deconstruida que proyectaba sobre el resto de la sociedad las mismas convicciones que yo ya tenía, no había lugar para otro escenario posible. Daba por hecho que, aunque queda mucho por recorrer en el objetivo de la igualdad, unos cuantos ya estaban en ese camino.

+++

Salí del periódico a la hora de comer. Ese sábado una amiga celebraba su cuarenta cumpleaños. Recorrí el camino hasta el bar donde nos había convocado rumiando todo lo que acababa de suceder en la redacción. Otra vez llegaba tarde a lo que de verdad me importa. Cuando entré en el garito en el que se celebraba la fiesta, inspirada en el fuegote («fuegote» en todas sus acepciones, también la reguetonera), el resto del grupo me debió de ver más pálida de lo que suelo estar en enero (para qué engañarme, más blanca de lo que estoy todo el año). Ellas sabían que me iba a retrasar porque tenía que hacer *la* llamada.

En ese momento no les pude explicar mucho. Durante todo el proceso de investigación, nunca le he contado a nadie a quién investigaba ni las historias y testimonios de las mujeres con las que hablaba. Más allá de mi ética periodística, estoy llevando a cabo este trabajo para que sirva de algo, y a esas mujeres les debo mucho. Así que ni una palabra al respecto.

La conversación me llevó a hacerles otra pregunta: «¿Vosotras creéis que alguna vez os han violado?».

No la formulé exactamente así, claro. Ni con esas mujeres, con las que hace más de veinte años que mantengo una relación de amistad, soy capaz de plantear algo tan directo y, en este caso, violento. Nos conocimos en la facultad de Ciencias de la Información de la Universidad Complutense de Madrid y desde aquella mañana lluviosa de septiembre de 2002, cuando coincidimos en los últimos bancos de la clase, cuando nos elegimos entre más de un centenar de personas, en nuestra amistad siempre ha regido el refuerzo positivo. Aun así, soy consciente de que ante determinados temas somos capaces de generar más filtros que la IA de TikTok. Y este es uno de ellos.

Nosotras no nos politizamos en 2017 con el Me Too, nos pilló mayores. Lo que nos sucedió ese año fue que comenzamos a extirparnos los tejidos del machismo que ya se nos habían hecho entraña. Algunas somos más bien herederas del 15M, sobre todo de lo que pasó en las plazas, y no tanto de lo que derivó después en las instituciones. Hacía relativamente poco habíamos comentado con rabia, indignación y casi al unísono la rueda de prensa de Rubiales en la que dijo cinco veces que no iba a dimitir mientras desplegaba uno de los mejores manuales que resume la cultura de la violación (esto es, las creencias o conductas que sustentan la idea de que el sexo es un derecho para los hombres que las mujeres deben satisfacer, según definen diversas organizaciones, como la ONU) y el machismo, frente a decenas de asistentes, y otros miles de personas que lo seguíamos por *streaming*. Vamos, que mis amigas y yo tenemos tan claro que lo de Jenni Hermoso fue una agresión como la teoría feminista en general.

Otra cosa es que nos venga bien o nos guste asumirnos como potenciales víctimas. Es como si la violencia sexual fuera algo ajeno a *nosotras*, como si eso solo le pudiera suceder a *otras*. Justo lo contrario de la identidad, los valores y las convicciones con que nos estamos revistiendo desde hace unos años. Ellas y nosotras nos empeñamos en demarcar nuestros cuerpos y los de las demás con la separación que impone un abismo. Pero ¿de quiénes nos queremos diferenciar?

En la conversación de la fiesta también estaba el marido de una de mis amigas. Con el paso de los meses, recordando cada intervención, me he dado cuenta de que su presencia ejerció de mecanismo de control de daños. Se cuestionó a sí mismo, hizo un repaso mental de toda su historia sentimental y sexual. De repente, se encontraba en la tesitura de revisarse en unos términos que seguramente no entraban en sus previsiones para un día de cumpleaños que debía tener más de fruslería que de autoanálisis y prospección.

Nunca lo volví a hablar con él. Su mujer, mi amiga, sí me avanzó que aquella noche no dormiría bien y que esos pensamientos le estarían dando vueltas por la cabeza durante varios días. Es probable que ese hombre se estuviera haciendo unas preguntas que jamás se habían planteado en su grupo de amigos y que, precisamente por eso, no se había hecho a sí mismo. Había pasado sobre ellas de puntillas o de manera puntual hasta aquel día.

De aquella conversación se me ha quedado grabada esta parte:

MARIDO: Pero, entonces, ¿vosotras siempre tenéis ganas de follar con vuestras parejas?
AMIGA 1: Sí, siempre.
AMIGA 2: Bueno, a lo mejor no te pilla en el mejor momento o cuando más te apetece, pero intentas meterte en el rollo y al final te acaba apeteciendo.

Yo no respondí en alto. A veces soy capaz de mantener conversaciones conmigo misma, incluso en mitad de otra con un grupo de personas. No, no siempre he tenido ganas de follar con mis parejas o ligues, pero no dije nada por miedo a la reprobación. A los silencios. Una reacción que presagié y que tal vez nunca se hubiera llegado a producir. Quién sabe.

Ahora me doy cuenta de que a lo que de verdad tenía pánico era a oírme decir en alto, o todo lo alto que me permitía «Gasolina» de Daddy Yankee, que si no había tenido ganas y lo había hecho, tal vez en esas ocasiones me habían agredido.

Entonces se me ocurrió justificarme de otra manera y reformulé la pregunta ante mis amigas.

> ANA: Si no os apetece acostaros con alguien y lo hacéis, ¿creéis que es una violación? Yo no tengo una respuesta. No soy capaz de poner palabras a algo así.

Mentira, lo había verbalizado muchas veces a lo largo del tiempo que llevaba investigando sobre casos de abuso en el cine. Si otra mujer me decía que en esas circunstancias disociaba, que no le apetecía, que trataba de reconducir una relación sexual, yo pensaba: «Algo te ha pasado, eso seguro».

Pero si me lo tenía que decir a mí misma, ay, entonces ya el discurso era irremediablemente otro. Una vez, hablando por WhatsApp con otra amiga de este tema que me persigue desde hace ya más de un año, me dijo: «Tía, de alguna forma parece que se lo enseñen en el cole. O sea, es superdifícil que no te hayan violado entre los veinte y los treinta».

Repasando la conversación, veo que le puse el

mismo ejemplo que les había dado en aquel cumpleaños a mis otras amigas. Este:

> ANA: He pensado mucho en la época de la universidad, los primeros años, cuando salía por Malasaña con otro grupo. Estábamos fascinadas por los indies. Se nos caían las bragas si un tipo con pantalones de pitillo y cara de intenso nos hacía un poco de caso. Cuando conseguíamos llamar su atención y de paso enrollarnos con ellos, muchas noches usábamos una frase: «Hoy toca la estrella».

La estrella no era otra cosa que ponerte bocarriba en la cama y convencerte de que estabas practicando el misionero. Pero no, lo que sucedía en realidad era que te estaban follando, si es que a eso se le podía llamar así, para después terminar haciendo el paseíllo de la vergüenza de camino a casa. Esa era la frase que usábamos en aquel tiempo para describir el recorrido desde la casa del tipo con el que habías acabado la noche hasta la tuya, con la resaca bien arriba y el maquillaje bien abajo mientras te cruzabas con los que se encaminaban hacia sus trabajos.

La estrella era el mayor de los autoengaños. Era la manera de ocultar que no éramos capaces de enrollarnos toda la noche con un tipo y después decirle que ahí se acababa la historia, porque nos daba palo. La estrella fue el mecanismo de defensa que encontramos las hijas de los noventa que ocupamos las calles a principios de la década de 2000 ante la posibilidad de que nos llamaran «calientapollas». Porque no solo nos lo llamaban, incluso nosotras mismas nos lo decíamos o lo habíamos usado contra otras.

La estrella fue la manera de nombrar nuestro consentimiento. O eso creímos.

No sé si mi amiga, la que dijo con rotundidad que siempre tiene ganas, es totalmente sincera en su afirmación. Tampoco tengo claro que la otra, la que es capaz de entrar en acción aunque al principio no le apetezca, tiene realmente esa habilidad. Yo me callé, así que lo último que puedo hacer es juzgarlas. Lo que me queda claro tras estas conversaciones es que ninguna de nosotras quiere reconocerse como víctima. Y aunque sepamos que nos puede violar nuestro marido, nuestra pareja, el chico al que vemos desde hace meses, preferimos seguir identificando como víctimas únicamente a las mujeres a quienes agreden desconocidos de manera superviolenta una noche en un callejón oscuro.

Al final de esta conversación en la fiesta de cumpleaños, apareció otra amiga. Ella fue clara cuando el único marido presente en la conversación siguió expresando sus dudas.

El marido: Es que a veces se te puede escapar, no te queda claro si ella quiere.

Amiga (recién llegada): Si una tía no quiere, lo sabes.

+++

La primera vez que una mujer se puso en contacto conmigo fue en febrero de 2023. Me mandó un e-mail en el que decía: «Yo también tuve una historia rara. Ojo con los nominados en estos Goya».

Estas dos frases estaban estratégicamente colocadas entre cuatro líneas más, en las que primero me advertía de un caso de abusos sexuales en una universidad que ya había sido destapado por *elDiario.es*. Mi cerebro borró, como en un sumario que se filtra a la prensa lleno de tachones negros y que redirige la mirada hacia lo importante, gran parte de ese mensaje. Solo registré esas dos frases, que me pusieron en la pista de lo que derivó en la primera gran investigación periodística sobre los abusos en la industria del cine en España.

Esta mujer me había encontrado y se había animado a escribirme inmediatamente después de que Gregorio y yo publicáramos un reportaje sobre cómo la industria del cine lleva décadas cubriendo con un manto tejido de silencios y complicidades el abuso de poder que, en demasiadas ocasiones, muta en agresiones sexuales. Ese texto era lo que en periodismo llamamos «reportaje de seguimiento» a una noticia de la que nos habíamos hecho eco una semana antes: la de una presunta agresión en la fiesta posterior a la entrega de los premios Feroz.

Recuerdo perfectamente cómo escribí aquel texto. Era domingo, 29 de enero de 2023, y me tocaba trabajar. Al llegar a la redacción, mi jefa me pidió que escribiese sobre la denuncia que la actriz Jedet había interpuesto ante la policía al productor Javier Pérez Santana, quien pasó una noche en comisaría para después ser puesto en libertad con cargos a la espera de un juicio que por el momento no ha comenzado. Por los testimonios que pude recabar durante aquel día de guardia, este hombre se había pasado la fiesta besando y tocando sin su consentimiento a varios hombres y mujeres. Solo la artista, una mujer que entonces no llegaba a los treinta años, le paró los pies y pidió ayuda a la organización para que llamara a la policía.

«Acoso sexual en el cine español: "Una industria pequeña donde triunfa el miedo"». Nunca lo he hablado con Gregorio, pero ahora sé que la elección del titular del reportaje de seguimiento, que publicamos el 4 de febrero con información de varias fuentes anónimas, nos abrió el camino. «Triunfa el miedo». Creo que ahí está la clave. Con ese titular le estábamos transmitiendo un mensaje a las mujeres del cine: sabíamos que algo grave pasaba y la razón por la que callaban. Les decíamos eso sin juzgarlas. Y que la denuncia de Jedet indicaba que la situación podía cambiar.

Con estas ideas me senté delante de Guillermo Altares y Raquel Vidales, mis jefes en la sección de Cultura, con la firme idea de convencerlos de que sentía que era el momento de retomar la investigación, volver a intentarlo. No era la primera vez que se formaba un equipo similar en el periódico para tratar de confirmar, con todas las herramientas que el periodismo pone a nuestro alcance, que los rumores que durante décadas han circulado en el ámbito audiovisual podían ser certezas.

+++

Creo que en ese momento no fui consciente del todo, pero con el paso de los meses me di cuenta de que la manera en que la primera mujer que contactó conmigo redactó su e-mail era un patrón, casi una guía, que me ayudaría a acercarme a otras decenas de mujeres de ese mismo caso y de otros en los que aún sigo trabajando.

El esquema: una chica quiere contar que algo le ha sucedido y reúne las fuerzas necesarias para decírselo a una desconocida. Encuentra un lugar que cree que es seguro para hacerlo. A la vez, no está aún preparada para explicar qué le ha pasado con detalles. Pero siempre deja una pista, en este caso tres palabras llenas de miedo: «Una historia rara». Es decir, o no es capaz de identificar lo que le ha sucedido, porque quizá lo haya bloqueado, minimizado, o incluso tiene dudas sobre si consintió.

Lo que al principio era «una historia rara» derivó en otras frases que oí al inicio de cada uno de los encuentros que mantuvimos (a veces los tres, a veces solo dos de nosotros…) con distintas mujeres. Afirmaciones como: «A mí no me ha pasado nada remarcable». «No he sido consciente hasta hace tres días de que era una agresión». «Alguna situación incómoda he vivido, pero no para denunciar, ¿sabes?». «Esto no te va a servir para la investigación». «Te va a parecer una tontería».

Todas esas oraciones son versiones lingüísticas de una misma consecuencia: la de un sistema patriarcal muy efectivo en su misión de silenciar, cuando no integrar, las violencias contra las mujeres.

Tras un primer contacto que solía ser por e-mail, les pedía el teléfono. Me parecía que hablar con ellas directamente, sin que sus testimonios llegaran a un buzón de correo corporativo, podía ayudar a construir lazos de confianza. No disponíamos de un manual, de modo que, a falta de referentes, fuimos elaborando un método propio. Hemos sido los primeros en llevar a cabo una investigación como esta en la prensa española.

Una vez que tenía su número de teléfono, me presentaba y les mandaba audios de WhatsApp. Creía que, si me oían en vez de leerme, se sentirían más tranquilas, les daría confianza. Y ahora sé que funcionó. Porque a veces una chica solo necesita que la escuchen sin prejuicios, que le dejen hablar sin cuestionamientos.

Según avanzaban las conversaciones con estas mujeres, aparecían otras frases recurrentes. «Me escucho y parezco idiota». «Vas a pensar que soy tonta». «¿Cómo me pudo pasar esto a mí?». Estos juicios sumarísimos que ellas se impusieron –y que, a su vez, yo comprendía a la perfección, porque también me los había autoinfligido– explican cómo la cultura de la violación es una estructura social aún muy bien cimentada, aunque a ratos consigamos que se tambalee un poco.

No importa que seamos capaces de recitar de memoria frases de Simone de Beauvoir, Judith Butler y Silvia Federici, habitamos en lo que las feministas llevan desde los años setenta denunciando: una serie de creencias, estereotipos y conductas que contribuyen a la concepción de que las mujeres (sus cuerpos y mentes) son propiedad del hombre. Para describir este concepto de la cultura de la violación, la ONU usa frases como «las mujeres dicen "no" cuando quieren decir "sí"», «iba vestida como una puta, lo estaba pidiendo», «¿por qué no se fue de allí?», «con los hombres ya se sabe» o «estaba borracha».

Han pasado décadas, seguimos conquistando derechos, pero este sistema está aún demasiado enraizado. Ellas, como mis amigas y yo, tampoco quieren ser víctimas, porque ser víctima implica nombrar conceptos como «agresión» o «abuso», identificar a quien lo hizo, enfrentarse a la culpa y la vergüenza y lidiar con las miradas de pena o incomprensión de los otros (en este caso «los otros» como una categoría absoluta, sin género, que incluye a hombres y mujeres, incluso a tus propias amigas).

Por eso, cuando una mujer me dice que «no es remarcable» o «es una tontería» haber sufrido durante meses, por ejemplo, una manipulación psicológica que casi acaba desprogramándole el cerebro, en realidad, lo que está haciendo es baremar la violencia de la manera más injusta para consigo misma. Restándole grados en la escala de gravedad en cuyo punto más alto está, por supuesto, una violación por parte de un desconocido.

+++

En 2017, *The New York Times* publicó una investigación en la que destapó cómo Harvey Weinstein, uno de los mayores productores de cine de Estados Unidos, abusó de decenas de mujeres y, en muchos casos, silenció estas agresiones con contratos de confidencialidad multimillonarios que garantizaron su impunidad. Aquella publicación inauguró el movimiento Me Too e impulsó la última ola feminista. Sirvió también como punto de comparación para muchas de las mujeres con las que hemos hablado. «Lo mío no es un Me Too», he oído en más de una ocasión. Otra vez la trampa. Como si solo un megaproductor de Hollywood tuviera la potestad para agredir; como si fueran siempre necesarias las promesas de trabajo para justificar un acoso.

El abuso de poder no solo va en el cargo, sino en todas las herramientas que el sistema concede hasta al más pringado. En la capacidad de ejercer ese poder, por pequeño que nos pueda parecer, y la impunidad que conlleva. «La violencia machista y las estructuras patriarcales cuentan con nuestro miedo. Un tío te dice o hace una burrada y cuenta con que te vas a callar», señaló Irantzu Varela en el podcast *Sabor a queer* que dirige David Velduque. Son palabras que resumen bien que en ese silencio, en el temor, se instaura la normalización con la que algunos hombres cuentan de antemano.

Por eso, una de las cosas que más me ha molestado en estos años de investigación ha sido la manera en que se ha infravalorado nuestro trabajo con el argumento de que con Carlos Vermut habíamos empezado por «el más fácil». «Es la cabeza de turco», he llegado a leer de una de las actrices que trabajó con él. Aunque el objetivo de ese relato es colocar en el centro de las críticas al cineasta, en realidad se acaba cuestionando el trabajo periodístico, el testimonio y la credibilidad de las mujeres. Decir que es un director menor equivale, en este caso, a espetarles a ellas que «no es para tanto», que «menuda exageración», que «eso nos ha podido pasar a todas en cualquier momento». Estas sentencias abonan nuestros cerebros con más duda y miedo. Y esto se traduce en que a muchas les cueste años de silencio y terapia poder identificar lo que les ha sucedido.

Cuando una mujer te confiesa: «No he sido consciente hasta hace tres días de que era una agresión», en realidad parece que quiere decir: «Fue mi manera de seguir adelante, de continuar con mi vida, lo he ubicado gracias a la terapia, pero en aquel momento no se hablaba de estas cosas, no sabía que podía denunciar ni adónde ir...», y, como esa, una serie de justificaciones que se pueden extender hasta el infinito del argumentario femenino.

Le abrí la puerta de mi casa

Año 2014. Un grupo de amigos y conocidos del ámbito del cine se reúne una noche para tomar algo en un bar de Madrid. Después, la fiesta sigue en un conocido karaoke del centro. Allí, uno de los chicos se acerca a una de las chicas y empiezan a tontear. A ella le gusta. En un momento dado se lo comenta a uno de sus amigos. «Qué guay, ¿no?», le dice ella en busca de la aprobación de la que aquella noche era su persona de referencia. Al rato, el chico y la chica que estaban ligando deciden que se van a la casa de ella.

Llegan al portal, y el cineasta le da «un beso muy bonito, muy tierno y muy delicado». Como se siente tan cómoda y a gusto, con ganas de seguir, le invita a subir a su casa. Nada más cerrar la puerta, su actitud cambia y la situación que le hacía sentir cómoda se vuelve otra: «Se tiró encima de mí y empezó a estrangularme». Ella nos contó que se defendió con patadas, le pidió que se pusiera un preservativo, pero no lo hizo, y tras varios forcejeos, cuando terminó, él se marchó sin mediar palabra.

Esa misma madrugada, al quedarse sola en casa, escribió a una amiga. «Sentía que había pasado algo que no estaba bien, pero en ese momento no me di cuenta del todo». Lo justificó durante mucho tiempo: «Yo lo subí a mi casa. Entonces yo no tenía derecho a… otra cosa…». ¿A qué otra cosa? ¿A hablarlo, a quejarse, a estar mal, a identificarlo, a denunciar? «Tomar conciencia de esto ha sido bastante largo. Incluso para mí, que soy muy activista».

Esta mujer dio su testimonio a *El País* diez años después de haber sufrido esta agresión. En ese tiempo, según su cálculo aproximado, se lo contó a diecisiete personas. A algunas les dijo que le había ocurrido algo raro. Según pasaban los meses, empezó a sentirse capaz de verbalizar ante otra gente, en ocasiones desconocida, que la habían violado. Muy pocas personas la creyeron. De modo que volvía a guardarse para sí misma algo que ya era un secreto a voces.

Este testimonio se editó antes de ser publicado en el periódico (y en este libro) para preservar el anonimato de esta mujer. Para protegerla. En su relato hay culpa, vergüenza, dificultad de identificación, falta de consentimiento, silencios, complicidades y violencias que tienen que ver con comportamientos asumidos socialmente. En unas doscientas cincuenta palabras se compone, casi como en un manual, el decálogo de todos los males que se acumulan, uno encima de otro, sobre una mujer para mantenerla callada y sepultada en ese lugar sucio y oscuro que la sociedad tiene reservado para las víctimas de la violencia sexual.

A medida que lo fue contando, muchos la hicieron responsable por haberle permitido subir a su casa. El suyo no es un caso único. El último informe específico sobre los ataques a la libertad sexual elaborado por el Ministerio del Interior, y referido a 2022, refleja que 9.712 (el 51 por ciento) de estos delitos se producen en viviendas. Es decir, en espacios que a priori son seguros para las mujeres porque son sus casas, las de sus parejas o las de sus ligues. Las de personas a las que conocen.

Quienes dirigieron la carga contra ella encontraron en la hora de la agresión, la madrugada, otra excusa para perpetuar la cultura de la violación. Mientras escribo este libro han pasado siete meses desde que se publicó la investigación y vuelvo a oír lo mismo que le dijeron a ella cuando una periodista comenta en un programa matutino de televisión la imputación al futbolista Rafa Mir por dos delitos de agresión sexual a una chica de veintiún años: «Irse a las cinco de la mañana al chalet de una persona que acabas de conocer en una discoteca es asumir un riesgo que estaría bien que una chica no asumiera».

+++

La mayoría de las mujeres que denunciaron en el periódico haber sido agredidas sexualmente por Vermut tuvieron algún tipo de relación con él que perduró en el tiempo. Después de los hechos, siguieron con él por muchas razones, y, tal y como me contaron, trataron de justificar conductas similares a lo que él definió como «sexo duro». Llegaron a creer que si en el cine su talento «convertía lo oscuro en algo bello», también en la cama lo conseguía, me dijo una de ellas en referencia al tipo de encuentros que compartían. «A lo mejor no tenía muchas ganas, pero sabía que eso iba a pasar. Y me daba miedo no hacerlo. Intenté convencerme de que esa manera de concebir las relaciones me tenía que gustar», contó otra. «Me usaba como un trapo. Y yo pensaba que a mí eso me gustaba. Pero no, a mí este tío me ha violado», fue capaz de afirmar una tercera después de recordar cómo hasta en cuatro ocasiones trató de evitar que le metiera los dedos en el culo a la fuerza.

Muchas veces, las mujeres regresan con los hombres que han abusado –de una manera o de otra– de ellas para seguir con sus vidas. Es un mecanismo de defensa que está más que estudiado. Lo descubrimos durante el trabajo de verificación, cuando dos penalistas expertas en violencia de género, la catedrática de Derecho Penal María Acale y la abogada Amparo Díaz, nos explicaron por qué ocurre: «Para enfrentarse al hecho de haber perdido toda la seguridad, muchas minimizan lo que les ha sucedido e intentan adaptarse teniendo, por ejemplo, más relaciones sexuales con sus agresores cuando son cercanos a ellas. El recurso de negación lo suelen utilizar las víctimas de violencias sexuales para mantener un poco la calma y recuperar la sensación de seguridad».

Encontramos mucho material científico que, además, deja muy claro que este tipo de agresiones las cometen personas que mantienen una relación previa con las víctimas. Una investigación del Grupo de Trabajo para el Estudio de las Violencias Sexuales (Sexviol) que analizó 178 sentencias de la Audiencia Provincial de Madrid entre los años 2016 y 2018, concluyó que los fallos judiciales revelan que en el 80 por ciento de los casos existe algún vínculo personal entre víctima y victimario, y que se trata de parejas o exparejas en el 17,4 por ciento.

También resulta bastante sencillo dar con esta jurisprudencia en una búsqueda en Google. Al sumergirme en webs como la del Consejo General del Poder Judicial y ver cómo se multiplicaban las páginas de resultados con sentencias por abusos sexuales, empecé a darme cuenta de que hay una palabra que se repite en muchas de ellas: «prevalimiento», «la fórmula por la que el autor de un delito se aprovecha de una situación ventajosa de superioridad, confianza o prestigio respecto a la víctima».

Sucede, por ejemplo, en matrimonios de más de cincuenta años que acaban en los tribunales cuando ellas reúnen las fuerzas necesarias para denunciar tras décadas de todo tipo de abusos. «El acusado sometió a su mujer a un prolongado maltrato, creando un clima de superioridad medial necesario, como fórmula de prevalimiento, para obtener el consentimiento para mantener las relaciones que le requería. Si la víctima convivió con el acusado durante los cincuenta y cinco años que duró el matrimonio, lo fue por la existencia del estado de sujeción consecuente al proceso de continua victimización sufrido, de tal forma que el marco de dominación y cosificación desplegado por el marido le privó de la capacidad de reacción y de autoprotección necesaria para emanciparse de su victimario». Este párrafo es un extracto de una sentencia del Tribunal Supremo (Sala de lo Penal) de 2022, pero podría haber sido un buen final para la serie *Querer*, de Alauda Ruiz de Azúa.

A la existencia de violencia dentro de la propia pareja hay que sumar un factor añadido: la «baja autopercepción» que tienen muchas mujeres de que se está produciendo. Es un 6,7 por ciento, según datos de 2022 de la Encuesta Europea de Violencia de Género en España, que argumenta que «puede deberse a que, tal y como apunta la literatura científica producida en los últimos años, las víctimas siguen sin identificar o temen desvelar las violencias sexuales que las parejas o exparejas han ejercido contra ellas».

Con toda esta información al alcance de cualquiera con una conexión a internet no puedo evitar preguntarme por qué tenemos que seguir oyendo que el principal problema de nuestro trabajo periodístico y de una parte del feminismo es que consideramos a las mujeres «seres inferiores que toman decisiones irresponsables». Después de publicarlas, hubo quienes calificaron nuestras informaciones de paternalistas por encerrar a las víctimas en la categoría de «niña eterna», y se arrogaban en el mismo argumento la sólida convicción de la igualdad. «Me niego a creer que las mujeres sean idiotas. Creo en la igualdad», repetían, como soflamas sufrientes en una cámara de eco.

+++

–A veces mi cabeza se iba a otro lugar.

–¿A qué te refieres?

–Intentaba reconducir lo que me estaba pasando hacia la ternura. Pero no lo conseguía. Entonces disociaba, era como si yo no estuviera ahí.

–¿Recuerdas algún momento concreto?

–Tengo que pensar algo con lo que me sienta cómoda. Hay detalles más explícitos que sé que luego no me sentiré bien sabiendo que se han publicado.

–Claro, tómate el tiempo que necesites.

Un día después de esta conversación que mantuvimos por WhatsApp en diciembre de 2023, la mujer con la que hablaba me envió otro mensaje. Yo le había pedido en varias ocasiones que, en la medida de lo que pudiera y quisiera, me explicara con algo más de detalle qué le había sucedido durante el tiempo que había estado con Carlos Vermut. Esto fue lo que escribió: «Recuerdo una situación en la que presionó mi cabeza muy fuerte contra él hasta el punto de darme arcadas, todo eso acompañado de expresiones verbales y físicas denigrantes que me hacían sentir en desventaja e inferioridad».

Aseguró que nunca tuvieron una conversación previa en la que quedara claro que esto iba a suceder, y me recalcó que no le dijo que no, pero tampoco que sí. Quizá este sea el momento de recordar que desde la entrada en vigor de la ley del «solo sí es sí», en 2023, el consentimiento ha de ser afirmativo.

En *El derecho al sexo*, la filósofa Amia Srinivasan explica que todos esos criterios que determinan en una sala de justicia si el sexo ha sido consentido o no –a fin de cuentas, si se ha cometido un delito– «son mucho más complicados en una relación interpersonal real». Es decir, una cosa es la literatura jurídica, y otra muy distinta la realidad: «Hay casos en los que uno de los dos no solamente no dirá "no" ni se resistirá, sino que incluso dirá "sí", pero será un "sí" producto de ciertas expectativas de comportamiento social que, a lo mejor, la otra persona ni siquiera comparte. Es algo que puede observarse especialmente en mujeres jóvenes, que han consentido activamente, y, sin embargo, no quieren tener esa relación».

Sobre la fina línea que separa algunas relaciones consentidas de agresiones, Katherine Angel, autora de *El buen sexo mañana*, responde: «No siempre sabemos lo que queremos y no siempre somos capaces de expresar nuestros deseos con claridad. [...] Tenemos que partir de esta peligrosa y compleja premisa: no tendríamos por qué conocernos a nosotras mismas para estar a salvo de la violencia».

+++

El consentimiento es la clave de todo, algo así como un río subterráneo, que no se ve, pero que va regando la tierra que pisas, y que discurre paralelo (en ocasiones invade) a esa otra arteria subterránea llamada «machismo estructural». Sus aguas han permeado el trasfondo de todos los debates en torno a las violencias sexuales que han tenido lugar durante la última década: lo que a las tres de la mañana era un «sí», quince minutos después puede ser un «no». El consentimiento queda revocado en ese momento, en ese lugar. A pesar de que así está escrito en la Ley Orgánica de Garantía Integral de la Libertad Sexual (10/2022), la vida real transcurre por otros senderos. Más de la mitad de las chicas de entre dieciocho y veinticinco años (57,7 por ciento) han tenido sexo alguna vez sin ganas o por compromiso, según revela el estudio *La sexualidad de las mujeres jóvenes en el contexto español*, del Instituto de las Mujeres, de 2022. Durante el proceso de encuesta, muchas explicaron que se sintieron presionadas por la insistencia de sus parejas, y por eso continuaron. «Se perpetúan el deseo propio como elemento secundario y la idea de disponibilidad», explicaba Toni Morillas, la directora del instituto, en la presentación del informe. Es decir, la prioridad de esos encuentros sexuales es el deseo masculino. Alguna encuestada llegó a asegurar que lo hacía «un poco como sacrificio», incluso cuando tenían pareja estable. Según se desprende del Barómetro Juventud y Género 2021 de la Fundación de Ayuda a la Drogadicción, el 34 por ciento de los jóvenes varones creen que tener pareja implica la entrega absoluta a la otra persona. Cuando se pregunta a las chicas, esa afirmación cae al 24,6 por ciento. Ese, como tantos otros mitos del amor romántico, sigue en pie a pesar de los avances legislativos.

Y eso nos devuelve a la paradoja del consentimiento. Si ellas no dijeron ni «sí» ni «no», si decidieron continuar adelante con cualquier encuentro sexual por presión o por sentimiento de culpa, ¿cómo esperaban que lo supieran ellos?, ¿cómo podían darse cuenta de que a ellas no les apetecía?, ¿es que ahora van a necesitar firmar un acta ante notario antes de cualquier encuentro sexual? Las mujeres no hemos dejado de oír estas preguntas desde que en 2017 el Me Too estadounidense retomó con fuerza el debate, pero especialmente durante la elaboración y la tramitación parlamentaria de la Ley de Libertad Sexual, que se gestó después de que la audiencia provincial y el Tribunal Superior de Justicia de Navarra tipificaran como abuso sexual (y no agresión, como sí que sentenció posteriormente el Tribunal Supremo) lo ocurrido en el caso de La Manada.

Muchas de las mujeres con las que he hablado durante mis investigaciones consideraban que lo que les había sucedido era «una tontería». Así que nunca se habían planteado la posibilidad de denunciar (es imposible tratar de demostrar una agresión que no identificas como tal). Ellas le habían abierto la puerta de su casa a su supuesto agresor porque, después de una noche de seducción, les apetecía. Los hechos que relatan sucedieron en un lugar donde solo había dos personas; sería su palabra contra la de un hombre reconocido en su sector profesional y protegido por un círculo de cineastas con cierto poder. ¿De dónde iban a sacar las fuerzas para explicarle a un policía, a una trabajadora social, a su propia psicóloga o tal vez a un juez lo que les había sucedido? ¿Por qué tenían que ser ellas las valientes? Puede que alguno de estos argumentos (si no todos) ayude a explicar por qué en España, según datos del Ministerio de Igualdad, solo un 8 por ciento de las víctimas que sufren violencia sexual se atreven a denunciar.

La máquina tragaperras: cómo funciona la manipulación psicológica

A principios de agosto de 2023, una mujer con la que llevaba un tiempo en contacto me envió un audio de WhatsApp. Era lo que conocemos en la jerga periodística como una «fuente» (y de las más importantes que tuve en esta primera investigación): «Me ha pasado algo un poco fuerte. Hablando de unas cosas y otras, me contó que le había pasado algo con él. Me ha dicho que te va a llamar mañana. Espero que no estés de vacaciones y, si lo estás, tómate un gin-tonic por tu profesión, que esto merece la pena».

A las pocas horas, efectivamente, recibí un mensaje de la chica en cuestión. Conversamos un rato por WhatsApp y le expliqué nuestra manera de trabajar.

Tres días después, quedamos en una terraza. Recuerdo que, en ese primer encuentro, las dos íbamos vestidas de negro, el mejor color para combatir las olas de calor que se sucedieron aquel verano. Pedimos sendas aguas con gas y nos dispusimos a charlar durante más de una hora. En un momento dado, después de pedirle permiso, comencé a tomar algunas notas en el cuaderno.

Era la primera mujer con la que me veía en persona para la investigación. Yo estaba muy nerviosa e intenté parecer fuerte, pero no fría; empática, pero sin mostrar demasiada confianza. Las directrices me duraron poco tiempo. No puedo decir que seamos amigas, pero todas las veces que quedé con ella, al igual que posteriormente me sucedió con otras, nos despedimos con un abrazo apretado.

Era la última hora de la tarde de un día entre semana. El termómetro marcaba treinta y ocho grados, pero ella necesitaba fumar para poder hablar, así que acabamos en la terraza. Le temblaban las manos. Me habló de una relación que había durado meses, y que estaba atravesada por su profunda admiración por Carlos Vermut. Me explicó que él lo sabía desde el primer día que la conoció en un almuerzo de trabajo. Y comenzó a describir una suerte de forma de actuar que coincidía con otros testimonios: cómo, una vez que el cineasta se aseguraba de que a ellas les deslumbraban su obra y su figura como promesa o como *enfant terrible* del cine independiente, comenzaba un proceso de manipulación psicológica cuyas consecuencias, según fui intuyendo con el paso de los meses a través de todos estos testimonios, eran igual de terribles que las que produce una agresión física.

Como me relataron varias mujeres, lo primero que se solía producir era un bombardeo de amor. «Es como el pack completo de vacaciones, un todo incluido con la pulserita», describió hasta con humor una de las mujeres que mantuvo una relación con el cineasta. Muchas coincidieron en que se presentaba ante ellas como una persona tierna, atenta y llena de inseguridades. En poco tiempo conocía sus gustos, las llevaba a sus sitios favoritos a comer (o les cocinaba en su casa), las hacía partícipes de sus proyectos audiovisuales, les pedía consejo sobre sus guiones... Y, sobre todo, les escribía continuamente. «Recuerdo que hasta cambiaba la voz –contó una de ellas–. Era como un peluchito, me hablaba como agazapado».

El psicólogo Mario Guerra definió este tipo de actitud en una entrevista con *El País*: «Cuando el manipulador abruma en exceso con mensajes de amor, y es demasiado detallista con su víctima, sin apenas conocerla, esta ya es en sí una forma de manipulación muy típica de los narcisistas». Todas estas mujeres sentían que estaban empezando a formar parte de algo, según nos contó otra de las personas con las que hablamos: «Es como la madriguera del conejo: entras ahí porque crees que formas parte de algo, al final una relación también es un proyecto». De esta manera, el inicio de la relación encaja con el concepto de amor, y a ese recuerdo se aferran posteriormente muchas mujeres una y otra vez para tratar de justificar los abusos cuando empiezan a sucederse.

Tras semanas de explosión romántica, el cineasta dejaba de contestar a los mensajes. No llamaba, relataban ellas. «Si tú le haces un bombardeo de amor a una persona y desapareces tres semanas, hablamos de un refuerzo intermitente. Ahí estás generando ya una adicción», define otra de las mujeres que participaron en la investigación. Aunque ninguna de ellas es experta en psicología, en momentos de desesperación algunas buscaron información para tratar de entender qué pasaba, ya que se sentían incapaces, por miedo, vergüenza y culpa, de hablarlo con sus amistades. Ni siquiera las que iban a terapia se lo contaron a sus psicólogos por temor a ser revictimizadas. «No quería que me echara la bronca», me dijo una de ellas.

El refuerzo intermitente es una estrategia de control, «de poder para sentirse superior al otro», explica la psicóloga (y doctora por la Universitat Autònoma de Barcelona) Judit March. Cada segundo que Vermut, pero también otros hombres del cine sobre los que hemos oído testimonios similares, tardaba en contestar un mensaje, o no respondía a una llamada, les producía, nos contaron, momentos de ansiedad. Les subían las palpitaciones y se volvían incapaces de prestar atención a otra cosa que no fuera su teléfono. «Era una adicta», sentenció una de ellas.

En otra de nuestras investigaciones, una mujer definió este proceso como «una máquina tragaperras. Van echando monedítas y, como la máquina, te vas calentando y quieres más. Cuando crees que estás a punto de ganar el premio, paran».

En un momento dado, el cineasta volvía a dar señales de vida, y argumentaba que había estado «muy ocupado y concentrado creando». Es decir, haciendo algo muy importante: el cine que todas ellas admiraban.

Ese era el instante en el que la relación cambiaba para siempre. En algunos casos, les regalaba nuevos episodios de bombardeo de amor, pero, según me relataron, la mayoría de las veces comenzaba una nueva fase marcada por la sumisión, el miedo y la culpa. De repente, ellas eran unas locas por insistir en saber qué estaba haciendo, por preguntar por qué no contestaba a los mensajes. Tampoco quedaba con ellas en cualquier lugar que no fuese su casa. En definitiva, ellas eran las que querían «algo serio» cuando él les había dejado claro que era un alma atormentada, que sabía que necesitaba estabilidad pero que le era imposible conseguirla por «traumas del pasado».

¿Qué traumas? Ninguna de las mujeres con las que hablé me supo responder. El cineasta nunca se lo había concretado a ninguna de ellas. Durante el año que estuvimos investigando, antes de publicar la primera información, algunos de sus amigos nos hicieron llegar un mensaje similar, era «una persona con muchos problemas». Iban en busca de compasión, pero, en realidad, escondían amenazas. En una ocasión, nos llegaron a advertir de que, si finalmente publicábamos algo, Vermut era capaz de suicidarse.

En este tipo de relaciones, el refuerzo intermitente suele ir acompañado de otros mecanismos de manipulación para anular al máximo la voluntad de las mujeres, condicionando su manera de actuar hasta el límite de que ni siquiera son conscientes de lo que sucede. «La triangulación, el círculo narcisista de evaluación y descarte… Te puede hacer este mismo ciclo una y otra vez», explicó una de las que nos dio su testimonio sobre Vermut.

«Me desprogramó el cerebro», me dijo una cineasta, al hilo de otro caso, tras horas de conversación. Me impactó tanto su declaración y me entraron tantas dudas de que esto fuera posible que estuve varios días leyendo sobre el tema. Al parecer, en los casos más graves el agresor usa el perspecticidio (el término hace referencia a cómo quienes lo padecen pierden su propia perspectiva para asumir la de la otra persona), una de las técnicas más crueles que existen y para cuya definición «desprogramar» es una palabra muy acertada, porque acaba con la autoestima de una persona y puede llegar a conseguir la pérdida total de la identidad. Pueden llegar a vivir en una cárcel sin rejas, es decir, en una «prisión mental» por estar sometidas a un completo lavado de cerebro.

A pesar de que la literatura científica respaldaba los argumentos de estas mujeres, Gregorio, Elena y yo no podíamos llenar nuestras informaciones de términos psicológicos ni de artículos de la reciente ley del «solo sí es sí». Así que en nuestros reportajes sobre Vermut buscamos entre las declaraciones otros recursos narrativos para tratar de zanjar cualquier duda que pudiese asaltar a los lectores, como una escena en la que él invita a una estudiante de cine a un reservado en el Café Berlín donde los esperaban dos de sus amigos, un cineasta y un productor, o cómo pasaba por el bar donde trabajaba otra de sus parejas cuando no le salía nada en el cine. No son dos anécdotas que, como se suele decir en periodismo, dan color a un reportaje o agilizan la lectura. Son dos momentos muy concretos que pueden explicar el bombardeo de amor, el narcisismo y su aprovechamiento posterior.

A mí me parecía que este tipo de violencia estaba por todas partes y que la pedagogía científica y popular empezaba a calar. Pero no, aun así tuvimos que volver a responder a las preguntas más básicas una y otra vez: ¿por qué no se fueron?, ¿por qué repitieron?, ¿cuál es el interés periodístico de juzgar relaciones sado entre adultos?

+++

Después de aquella primera toma de contacto en una tórrida tarde de agosto de 2023, esa mujer y yo nos vimos otras dos veces más. Yo continué tomando notas y en el último de nuestros encuentros me dio permiso para grabar la charla. Al volver a aquel cuaderno y a los primeros mensajes que les envié a Gregorio y Elena (cuando voy sola a una de estas citas, se los envío de manera casi automática e inmediata; me sirven de asidero para la memoria, deteriorada por la edad y la maternidad, y para almacenar y fijar en algún lugar las emociones inmediatas que me producen estos encuentros), se puede palpar mi propia euforia. Ya en aquel momento me parecía que en cada cita se iba desvelando un patrón de comportamiento. Aun así, no estaba exenta de preocupaciones. «Este testimonio va a ser difícil de narrar». «En el periódico nos van a decir que no es suficiente». «¿Cómo explicamos el consentimiento en este caso?». «Se puede interpretar como una relación tóxica porque repitió».

En una de las muchas reuniones que mantuvimos con el equipo de dirección de *El País* que lidera Pepa Bueno, trasladamos estas y muchas otras dudas. «Algunas de estas historias son muy difíciles de explicar porque se ha contado menos este tipo de violencia contra las mujeres», advertimos, conscientes del reto que asumíamos. De alguna manera, sentíamos la necesidad de recordar que te puede violar tu propia pareja y que, después de una agresión, muchas mujeres vuelven a acostarse con sus abusadores.

Una aclaración. Se han escrito todo tipo de cifras en la prensa y en notas al pie de muchos libros. Como, por ejemplo, que 4.806.054 es el número de españolas de entre dieciséis y setenta y cuatro años a las que su pareja o expareja alguna vez ha humillado, amenazado, pegado o violado, según la primera Encuesta Europea de Violencia de Género (EEVG) en España, con datos de 2022. Es decir, conocían a sus agresores y mantenían o habían mantenido relaciones sentimentales con ellos. De entre los distintos tipos de violencia dentro de la pareja o expareja, el mismo informe estimó que la que tiene mayor prevalencia es la psicológica, con un 27,8 por ciento (más de 4,6 millones de mujeres a las que alguna vez humillaron, les prohibieron ver a su familia o amigos o las controlaron), frente a la física (12,7 por ciento) o la sexual (6,7 por ciento).

Tal vez lo que históricamente nos ha faltado a los periodistas es ponerles rostro humano a estas cifras. O, como mínimo, una voz sin identificar que narre en primera persona las violencias (no solo físicas) que ha sufrido por parte de hombres a los que conoce.

En más de una ocasión, las mujeres con las que hablé para nuestras investigaciones solo fueron conscientes de haber sido víctimas de una agresión sexual con el paso del tiempo, cuando lograron entender que si se callaron mientras su pareja las ahorcaba, por poner un ejemplo, si disociaron, si trataron de reconducir esta práctica o simplemente

no se movieron (la llamada «inmovilidad tónica»)
esperando que pasara rápido, fue porque habían
llegado a un punto de anulación de su voluntad. Así
me lo contaron.

Si algo tienen en común estas mujeres es que todas son inteligentes, trabajadoras y capaces; y cuando comenzaron las relaciones de las que me hablaron estaban en momentos muy importantes de sus
carreras o a punto de iniciarlas con más que hala-
güeñas expectativas. Todas tenían también un sólido discurso feminista que de poco sirvió cuando se
cruzaron con un tipo capaz de poner en marcha los
más complejos mecanismos de manipulación psicológica.

Por eso, después de cada charla, mensaje, llamada y dato contrastado me recordaba a mí misma
que jamás hay que infravalorar a quienes alguna
vez hemos llamado «ese capullo» o «ese pringado».
Y mucho menos juzgar a una mujer que queda atra-
pada en estas redes de arrastre.

Sexo duro, pornografía y placer femenino

En este tiempo me he dado cuenta de que, cuando las mujeres deciden hablar sobre una agresión sexual que han sufrido, lo que están haciendo es abrirte la puerta de su habitación. Una vez dentro, yo me sentaba en una esquina, en silencio, atenta a los hechos que relataban. En esa silla imaginaria desde la que mantenía la distancia exacta para fijar mi atención sin parecer una *voyeur* o sin que mi mirada pudiera resultar revictimizante, trataba de entender las prácticas sexuales violentas que describían chicas en su mayoría treintañeras, como yo. Las mujeres con las que he hablado a lo largo de mis investigaciones me explicaban cómo las ahorcaban, en algunos casos hasta vomitar; cómo las vejaban verbalmente; cómo eran penetradas analmente sin una preparación ni consulta previa; cómo las empotraban contra distintos muebles; las acosaban por redes sociales y también tenían que aguantar comentarios sexuales en el trabajo… Lo explicaban con el distanciamiento propio de un médico forense al redactar las causas de la muerte frente al cuerpo inerte, cosido, desnudo y expuesto en una fría camilla de metal. O eso creían. Porque lo que revelaban sus gestos y el tono de su voz era el pudor de estar compartiendo su intimidad con una desconocida.

Antes de que yo pudiera hacer cualquier pregunta, se me adelantaban con las respuestas. «Me convencí de que era una mojigata y de que era guay hacerlo de esa manera», me dijo una. O, como resumió otra: «No quería ser una mojigata». En el subtexto del uso preciso de esta palabra se esconde una educación sexual y sentimental que podemos leer casi como un patrón entre las *millennials*.

El cóctel con el que hemos sido socializadas es una combinación perfecta entre el amor romántico heterosexual (y sus derivadas en la cama) y una buena dosis de culpa. Nuestro ritual de iniciación sexual no era tal si no pasaba por la penetración. Y que no se te ocurriera quejarte, que venías advertida de que la primera vez irremediablemente duele (te lo traduzco: es normal estar incómodas y debemos asumirlo). Teníamos que hacerlo como en las películas. En una o, como mucho, dos posturas. Al resto de licencias que nos permitieron las llamaron «preparativos» (un aperitivo, pero sin pasarse). Con el tiempo, y tras muchos orgasmos fingidos, descubrimos que todo el sistema estaba diseñado para el placer masculino. Si ellos disfrutan, nosotras, como las buenas anfitrionas que debemos ser, también en el sexo, encontraremos goce.

¿Quiénes ejercen estas formas de control social y adiestramiento? Están por todas partes: la familia, los grupos de amigos, la publicidad, la información que consumimos... La sociedad entera parece confabulada para garantizar el orgasmo masculino. A costa, muchas veces, de la falta de información sobre nuestros cuerpos y nuestro deseo.

+++

«Me extrañaba un poco. No sabía que se había deconstruido tanto para llegar a ese punto y realizar esas prácticas», me contó una amiga de una de las mujeres que me compartieron su testimonio. La llamé para saber si le había relatado en algún momento (hemos hecho numerosas llamadas de verificación) cómo Vermut la agarraba del cuello durante el coito.

Después de varias conversaciones similares en torno a los momentos más íntimos de una relación, empecé a darme cuenta de que uno de los debates que surgirían tras la publicación del reportaje sería el del sexo duro, el consentimiento y el puritanismo. En un primer momento, confié en que quedaban lo suficientemente claras las diferencias entre una cosa y otra en nuestro texto, pero como estas mujeres no contaron que se habían levantado inmediatamente de la cama y a algunas incluso les gustaban otros tipos de relaciones eróticas, las ideas se mezclaron y no recibieron la suficiente comprensión lectora que trajera aparejada algo de empatía.

Aunque muy pequeño, sí que percibí un avance: gracias a las respuestas de Vermut, a la manera en que usó las ideas de sexo duro y promiscuidad en su defensa, se consiguió alcanzar cierto consenso en que no se podía volver a liar esta madeja de conceptos. Esta es una parte de la conversación con el cineasta que se publicó en el primero de los dos reportajes. Y ejemplifica cómo la confusión puede darse por zanjada.

Preguntado si en alguna ocasión ha percibido que una de sus parejas estuviera asustada, lo niega y explica: «Una persona puede sentirse incómoda, creer o recordar que está siendo clara en su manera de querer parar la relación. Y a lo mejor no lo transmite de una manera en la que la otra persona lo pueda entender. También se añade el hecho de que esa persona, yo lo entiendo, puede sentir miedo a agravar la situación».

Pregunta: ¿A qué se refiere con agravar la situación?

Respuesta: Hombre… Imagínate que estás con una persona que te dobla el tamaño y tú quieres parar. Vale. Y tú quieres decirlo para que pare, pero a lo mejor no quieres ponerte tan tajante como para que la otra persona tú sientas que se va a enfadar más, ¿sabes? O que vas a generar que la situación empeore.

Lo del puritanismo, sentirse mojigata, es un viejo debate que ya tuvimos con el cambio de siglo, cuando las estrellas del pop como Britney Spears y Selena Gomez presumían de su virginidad y hasta lucían los anillos de la castidad. El tema volvió como un bumerán tras el Me Too, en aquella carta que escribió un puñado de actrices francesas, como Catherine Deneuve, en la que se predecía el advenimiento de una nueva ola de puritanismo sexual y se denunciaba «el odio contra los hombres». Cómo ha cambiado el cuento en la última edición del Festival de Cannes con el movimiento #CannesYouNot para poner en evidencia un certamen que celebra a los «abusadores desde hace setenta y seis años». En 2017, el cineasta Michael Haneke también temió la llegada de «una cruzada contra cualquier forma de erotismo».

Y así se manifestaron tantos otros que auguraron que las mujeres serían reacias al placer de los sentidos.

+++

A lo largo de esta investigación he pasado horas leyendo sobre temas como el BDSM, una modalidad sexual perfectamente reglada en la que todas las partes saben cuándo hay que parar porque previamente se han establecido unos límites muy claros, los del consentimiento; o sobre el gusto de algunos varones por la hipoxifilia. He hecho acopio, también, de información sobre cómo la nueva pornografía *mainstream* se está convirtiendo en otra grieta por la que se cuela la violencia contra las mujeres. Llegué a esa conclusión alertada por una mujer que no solo me hizo mirar directamente hacia esta industria, sino también hacia la del cine de serie B. Ella tuvo que trabajar en varias películas de este tipo para hacerse un hueco como directora de fotografía, un departamento monopolizado por los hombres en España. Me explicó que detrás de esa apariencia de producciones cutres, casposas y frikis hay un grupo de directores que aprovechan cada rodaje para cumplir sus fantasías sexuales y reciben, además, financiación del Estado. Me relató escenas en las que jóvenes actrices, que como ella estaban comenzando, tenían que prestarse a realizar secuencias en las que básicamente se las humillaba y cosificaba con la excusa de las exigencias del guion.

Entre los datos que he recopilado, me sorprende que niños, niñas y adolescentes de entre catorce y dieciséis años (ya hay suficiente evidencia que indica que a veces empiezan a los ocho) ven vídeos cuya trama se basa en bofetones, mujeres arrastradas por el pelo, asfixia, simulaciones de violación y a veces, también, violaciones reales. Sexo violento, casi siempre hacia las mujeres, que carece de empatía, reciprocidad, igualdad de condiciones y, por tanto, consentimiento. Del afecto ya ni se habla en la mayoría de los estudios que se han publicado. El 87 por ciento de quienes consumen este porno son varones, según el informe *Nueva pornografía y cambios en las relaciones interpersonales*, elaborado por la Red Jóvenes e Inclusión y la Universitat de les Illes Balears. Lo tienen al alcance de la mano: el acceso es tan sencillo y rápido como desbloquear la pantalla de sus móviles. La recompensa, como ha sucedido siempre, es inmediata y la reciben todas las veces que quieran de manera gratuita: en el instituto, en el parque con los colegas o conectados desde casa, compartiendo en directo su reacción a cómo entre cinco tipos violan a una mujer sin consecuencias. Varios informes, como la memoria anual de la Fiscalía General del Estado, con datos de 2021, ya apuntan a que «sin incurrir en moralismo alguno, se alerta contra la despreocupación y banalidad con que se afrontan las relaciones sexuales entre adolescentes».

Esta pornografía *mainstream* forma parte de la educación sexual de las nuevas generaciones. A ellos se los arma de los mismos argumentos que yo oí en mi adolescencia. Entre ellas empieza a calar el discurso de que están eligiendo libremente, de que se están empoderando en una nueva manera de experimentar el sexo, aunque en estos imaginarios de placer masculino basados en la violencia las mujeres siguen siendo el objeto de deseo disponible.

En una entrevista con la Cadena SER en septiembre de 2024, la educadora social y especialista en violencia de género Marina Marroquí, que recorre desde hace diez años colegios de España divulgando sobre violencia de género, contaba cómo le alertó que «chavales totalmente normalizados, que hacen deporte por la tarde, que están en ONG, que ayudan a un compañero de clase», le decían que ellos no eran violentos, que no pegaban a nadie, excepto a sus novias («A ella necesito pegarle cuando lo hacemos»). Si no las estrangulaban, no podían tener erecciones, con quince o dieciséis años.

Un último dato: solo el 35,1 por ciento de los jóvenes varones entre los dieciocho y los veintiséis se consideran feministas, mientras que entre ellas ese porcentaje asciende al 66 por ciento, según la *Radiografía intergeneracional de la desigualdad de género*, publicada en *El País* y la Cadena SER en colaboración con la empresa de demoscopia 40dB.

A mí todo me empieza a sonar a la misma normatividad en la que me educaron, pero vestida de una semántica que glamuriza la dominación masculina. A fin de cuentas, el machismo. Y a la vez me pregunto si en esto del sexo, como en la moda y en tantos otros ámbitos, podemos tener algo de agencia sobre nuestros cuerpos y realmente darles la vuelta al patriarcado y al capitalismo. ¿Estamos de verdad nosotras decidiendo sobre nuestro deseo y placer sin volver a ceder espacios?

Listas y dinámicas en una industria de hombres

Del equipo de investigación de abusos en el cine de *El País* se ha dicho que tenemos una lista con todos los nombres sobre los que en algún momento vamos a publicar algo. Están todos los que te imaginas. Algunos nos los han filtrado grupos de mujeres de la industria audiovisual. Otros nos los envían desde el Ministerio de Cultura. Y, en alguna ocasión, nos han llegado directamente de parte de Pedro Sánchez.

Al margen de lo sorprendente que pueda resultar imaginar al presidente del Gobierno gestionando una crisis migratoria o una negociación para cerrar presupuestos y, al mismo tiempo, armando una relación de señores abusadores que nos transmite a través de una garganta profunda, todo lo que he dicho antes es mentira. No tenemos ninguna lista por una razón muy simple: este trabajo nunca ha tenido su origen en los hombres. El punto de partida siempre ha sido una mujer valiente que nos ponía sobre una pista y a partir de ahí comenzaba una primera indagación para valorar si podíamos estar ante un caso de interés general.

Los rumores sobre nuestra lista se han convertido en certezas porque se ha establecido la misma cadena de transmisión que permite expandir un bulo. En grupos de WhatsApp y encuentros entre personas del cine se intercambian nombres y apellidos, fechas de publicación y hasta las razones por las que, una vez pasado el día, ningún reportaje de ese tipo ha visto la luz. En cuentas de X anónimas se publican encuestas para que los usuarios voten cuándo saldrá la siguiente información o quién será el próximo acusado. «Se lo ha parado una televisión». «Les ha dado pena porque x está enfermo, van a esperar». «Con este no se atreven, eso no sale». Estas son algunas de las frases que he oído en los últimos dos años. A continuación, se genera un clima de intriga, incertidumbre y misterio que permite que el chisme se difunda rápido y que provoca, a la vez, más miedo en el sector.

La banda de las marujas letales ya tiene a su siguiente víctima. ¡Cuidado!

Como dijo la comunicadora Nerea Pérez de las Heras el día en que nos invitaron al podcast que codirige con Inés Hernand, *Saldremos mejores,* para comentar las acusaciones contra Vermut: «No vamos a avanzar si seguimos haciendo censo de cucarachas. Mal vamos si no nos fijamos en la cultura en la que estos hombres se mueven cómodamente».

Esta frase está en el archivo sonoro de mi memoria junto con aquella otra que tal vez hasta llegaste a compartir en tus *stories* de Instagram porque se viralizó a los pocos días de publicarse la primera de las dos informaciones sobre el cineasta: «No olvidéis nunca esto: las mujeres hablamos entre nosotras, y tenemos un disco duro que flipas con toda esa información. Y, algún día, eso os dará tanto miedo como a nosotras oír unos pasos volviendo a casa de noche». Es de la escritora Lucía Lijtmaer y la pronunció en el episodio del podcast *Deforme semanal* titulado «El miedo».

¿Qué es más importante denunciar, el «censo de cucarachas» o el «disco duro que flipas»?

No he encontrado una respuesta absoluta a esta dicotomía sobre las listas y las dinámicas. Hay que ponerle nombre a quien abusa y encajar los hechos con pericia y solidez periodística en la cultura que subyace para evitar caer en algo parecido a una guerra de sexos. Este argumento, el de mujeres contra hombres, adquiere cada vez más fuerza en la conversación. *Not all men* («no todos los hombres») es la reacción inmediata de quienes tienen el gatillo suelto cuando se trata un tema de este tipo y demandan que el verdadero censo que hay que hacer es el de «las manzanas podridas»; sacar de la cesta las que están en mal estado, y todo solucionado. No se les ocurre que lo podrido pueda ser la propia estructura de la cesta.

Una de las últimas veces que me volví a hacer esta pregunta fue el 24 de octubre de 2024, cuando se produjo lo que ya se conoce como el caso Errejón. El portavoz de Sumar, fundador de Podemos y de Más Madrid, un político de izquierdas que en la última década ha tenido un potente discurso feminista, abandonó todos sus cargos tras una acusación anónima publicada solo dos días antes en la cuenta de Instagram de Cristina Fallarás. La periodista hace una labor ingente, y a veces poco valorada, recopilando testimonios de abusos sufridos por mujeres en todos los sectores. Ella define su tarea como «la construcción de una memoria colectiva» a través de las voces de las mujeres.

Errejón comunicó su dimisión en una carta publicada en redes en la que no pidió perdón. Recurrió a una retórica mediante la que confirmaba aquello de lo que se le acusó en la denuncia anónima, a la vez que se presentaba como víctima de un sistema neoliberal.

A las pocas horas, la actriz Elisa Mouliaá confesó en sus redes que ella también había sufrido abusos por su parte y que se dirigía a una comisaría a poner una denuncia. La intérprete puso la cara y el cuerpo. Tampoco fue suficiente; unos días después cuestionaron que, tras lo que describe en la denuncia como una primera agresión en una fiesta, luego fuera, por voluntad propia, a casa de Errejón. La calificaron de mala madre por no haber salido corriendo cuando recibió un mensaje de su padre informándole de que su hija tenía fiebre.

Entre otras razones, evitar juicios públicos como ese es lo que ha llevado a muchas a considerar la cuenta de Instagram de Fallarás un espacio seguro. Y, a partir de ese, han surgido muchos otros.

Fue entonces cuando me hice nuevas preguntas: ¿por qué las mujeres denuncian de manera anónima en internet?, ¿qué seguridad y garantías les ofrecen estas cuentas que no son capaces de darles las instituciones? La victimización secundaria es una de las claves que dan respuesta a estas cuestiones.

+++

En septiembre de 2024, mientras escribía estas líneas, comenzó el juicio contra Dominique Pélicot, el francés que durante casi una década drogó a su mujer, Gisèle, para que al menos cincuenta y un hombres la violaran en su propia casa. Cada detalle que se conocía sobre este caso era más duro que el anterior. Pero incluso en esta tortura informativa hay momentos de descanso, de cierta clarividencia, que permiten descubrir el andamiaje que sostiene la estructura de la violencia de género, que no se circunscribe a «casos aislados».

Los medios recurrieron a la palabra «monstruo» para describir a Pélicot, hasta tal punto que esta denominación resultaba indisociable de su nombre. Se empezó a producir una desnaturalización del agresor y sus secuaces, como si, de repente, en Aviñón hubiera aparecido una criatura extraña jamás antes avistada.

Pero ahí estaba Gisèle P., con tanta fortaleza y dignidad –lo realmente extraordinario de este proceso– como para recordar que, hasta que un día la llamó la policía tras la detención de su marido, ese hombre era «un tipo genial». Como el bombero, el periodista, el enfermero, el funcionario público..., todos esos padres ejemplares y mejores personas que acudieron a la llamada de Dominique en internet y violaron a su entonces mujer.

La violencia sexual no es excepcional. Lo que resulta asombroso en este caso tal vez sea el sistema maquiavélico que el señor Pélicot ideó. La mayoría de las agresiones contra las mujeres tienen que ver con comportamientos muy asumidos socialmente. Los mismos que tenían estos hombres que creían que podían disponer impunemente del cuerpo de ella. Y aquellos otros que se negaron, pero que se callaron permitiendo que el ritual macabro continuara.

Gisèle se sentó en el banquillo y permitió que la grabaran y la fotografiaran. Quería que sus agresores y el mundo entero la viéramos. Es un tormento tener que estar pendientes de esta pesadilla infinita, como si nos estuvieran sometiendo a una terapia de reconversión, como si nos hubieran puesto una camisa de fuerza, atado a una silla y sujetado los párpados con hierros para que nunca se cerrasen ante el horror diario.

Muchas de nosotras seguimos reflexionando indignadas, tristes y admiradas por una mujer que quiere que «la vergüenza cambie de bando». A la vez, nos queda mucho sustrato por remover en este suelo bien abonado del machismo estructural porque, al mismo tiempo que esto sucedía, #NotAllMen fue *trending topic*. Como si la única respuesta de unos cuantos hombres fuera siempre problematizar este tipo de violencias a través de ejemplos concretos y no ofrecerles una reflexión a las mujeres. Y, de paso, ofrecérsela a sí mismos.

+++

No importa la profesión: una camarera, una periodista como yo, una consultora en una Big Four, una dependienta, una administrativa, una médica…; seguro que todas ellas han participado alguna vez en la elaboración de un directorio de los babosos, cerdos y asquerosos, cuando no directamente acosadores, de su trabajo. Es probable que lo hayan hecho a escondidas por temor a quedarse desempleadas, a no conseguir otro puesto en el futuro por si es a ellas a quienes las ponen en la lista de las «complicadas» y «problemáticas», o por miedo a perder algo de capital social.

Mientras lo hacían, habrán seguido sonriendo a esos señores o les habrán vuelto a dar la razón. Luego, es posible que se hayan alegrado en el baño con algunas de sus compañeras de curro de que se haya descubierto públicamente lo que hacía el tipo en cuestión. De lo que no tengo ninguna duda es de que hayan celebrado que su empresa no solo actuara contra él, sino que activase, ejecutase o, por fin, aprobase un protocolo para protegernos en el futuro.

Una vez que una mujer ha conseguido dar el mastodóntico paso de que la crean, lo que busca es un cambio drástico que revierta lo que hasta ese momento se había normalizado.

Este es el deseo que compartieron conmigo dos de las mujeres que participaron en el primer reportaje del caso Vermut. Ambas celebraron la reacción inicial, pero a las pocas horas empezaron a demandar acciones directas, no necesariamente contra el director, aunque bien podrían hacerlo. Y se encontrarían con que esos sentimientos de venganza les son negados hasta invalidarlas completamente. Nos limitan el derecho a la autodefensa. Basta cambiar el delito y la víctima para desmontar esta perogrullada. «La han violado y encima quiere vengarse». Encima. «Matan a mi hijo y yo lo asesino, aunque me muera en la cárcel». Comprensión y kilos de empatía.

Lo que querían las dos era que las instituciones culturales anunciaran con celeridad que ponían en marcha el paraguas de recursos bajo el que se pudieran cobijar otras mujeres del sector. Estas medidas tardarían un poco en llegar. Mientras tanto, una forma parte de una de estas organizaciones desde donde trabaja en una comisión de igualdad. La otra hace divulgación en la universidad entre el alumnado que algún día formará parte de la industria del cine y lleva a cabo otras iniciativas de concienciación feminista.

El lugar de trabajo es solo una incubadora para conseguir un objetivo mayor, que ese cambio de paradigma se extienda a la sociedad.

+++

«¡Que se investigue en todas partes por igual!», «es una lacra social», dicen muchos de quienes tratan de deslegitimar nuestra investigación periodística sobre el cine. ¿Qué les puedo decir? Tienen razón.

Los datos son los que son: una de cada dos mujeres ha sufrido algún tipo de violencia sexual en España, según la última macroencuesta del Ministerio de Igualdad, de 2019. La cifra solo refleja lo que se denuncia, es decir, lo que se conoce, e incluye todo tipo de agresiones: miradas lascivas, comentarios sexuales, tocamientos, envíos de imágenes con fines intimidatorios, acoso continuo y también violaciones.

Las mujeres sufrimos violencia estructural por el hecho de ser mujeres, independientemente de nuestra profesión. Pero esta certeza no invalida la idiosincrasia del cine y, por tanto, las particularidades del contexto en el que se producen las agresiones de las que hablamos en nuestros reportajes.

Me las definió muy bien una actriz con la que estuve charlando sobre el «mundo de los sueños», como muchas mujeres del sector definen el cine, una mañana de principios de abril de 2024 cerca de la madrileña plaza de las Salesas. Para acceder a él –«lo más parecido a Disney», definía ella–, hay que saber convivir con el deseo de ser una princesa en una realidad laboral precaria y cruel (aquí tampoco opera la meritocracia) en la que sobreviven bien pagados unos pocos.

El primer reto se les plantea una vez que llegan a las aulas de las escuelas de cine y teatro. El profesorado con el que se encuentran combina las horas lectivas con sus trabajos en la industria. Es decir, directores, actores y guionistas y productores se encargan también de la formación de sus futuras subordinadas. «Ahí, muchas veces, ya empieza el abuso de poder» es una de las frases que retengo de aquella charla. Algo similar me contaron Miranda Yorch y B. S., dos estudiantes que denunciaron en *El País* al reconocido actor Juan Codina, director de la escuela de teatro que lleva su nombre, por distintos tipos de violencia sexual y que culminó en su despido.

La competencia para conseguir el tíquet de entrada a la siguiente fase del juego puede derivar en que las tutorías no se hagan solo en los despachos habilitados a tal efecto, sino en otros lugares más informales de aparente acceso privilegiado. Por ahí se cuelan las primeras promesas de trabajo.

Según me contó la actriz, en los rodajes se aprende a manejar la presión del tiempo. Habló de jornadas que me parecieron interminables, aunque a veces esta parte de la producción de una película no se alargue más de un par de meses; todo depende del proyecto y el papel de la actriz. Le apliqué mi filtro de madre para tratar de entenderlo mejor: años cortos, días eternos.

Según avanzaba la conversación, me iba formando una imagen en la que se acumulaban personas, momentos y decisiones a una velocidad de x2 en espacios relativamente pequeños. Algunos privados, como por ejemplo los camerinos, donde solo quienes están ahí saben lo que ha podido llegar a suceder en un momento determinado. Valga como muestra cuando una sastra entra a procesar (probarle la ropa para una secuencia) a un intérprete; o cuando un actor protagonista (suelen ser hombres quienes gozan del privilegio de una habitación propia) le plantea a una compañera hacer una italiana (repasar el texto de una escena) en este espacio.

La actriz me confesó que en los inicios de su carrera hubo momentos en los que no supo gestionar bien la presión de los rodajes. No me concretó un proyecto, pero se recordó a sí misma como una chica, o una mujer más joven de lo que aún es, que llegaba a un lugar con el que había soñado desde niña y que acataba las normas directas y también las «no habladas»; estas fueron sus palabras.

Con el paso de los años y la experiencia acumulada, fue construyendo «una barrera» a su alrededor. Aunque transparente, era lo suficientemente visible a los ojos de quienes debía serlo para, me decía, evitar que le hicieran determinados comentarios y asegurarse de que todo quedara claro antes de entrar en «terrenos fangosos difíciles de probar».

Más tarde, en otros encuentros con gente de la

industria, supe que esas arenas movedizas de las que hablaba son las escenas de sexo. Hasta hace pocos años no existía la figura de la coordinadora de intimidad, encargada de preparar estos momentos con los intérpretes y la producción de la película para que todo quede claro, reglado y sustentado en el consentimiento. «Se sigue la misma lógica que con la coordinación de acción. Cuando hay una escena de lucha, a nadie se le ocurriría dejar a los actores sin indicaciones y esperar a ver qué sale, porque muy probablemente alguien se vaya a hacer daño y no resulte realista», explicaba Tábata Cerezo, una de las cofundadoras de IntimAct, la empresa precursora en España dentro de la coordinación de intimidad, en una entrevista en *S Moda*.

Esta es otra de las peculiaridades del cine: se trabaja directamente con los cuerpos, a veces desnudos. Durante mucho tiempo, antes de la llegada de estas especialistas en intimidad, se sobreentendía que dos compañeros de trabajo que puede que se acabaran de conocer, o que incluso se llevasen mal («Yo tenía que hacer que follaba con una persona que me maltrató durante el rodaje», me confesó otra actriz), hablarían para acordar ciertos límites.

Hay decenas de ejemplos en la historia del cine que demuestran que esto no sucedía. Marlon Brando, en connivencia con Bernardo Bertolucci, abusó de Maria Schneider en *El último tango en París* (1972) para que no solo simulara una humillación, sino que la sufriera de verdad durante una escena de violación. Algo similar le sucedió a Kim Basinger durante el rodaje de *Nueve semanas y media* (1986). «Es que antes no había mucha costumbre

–justificó la actriz que me abrió los ojos en aquella larga charla–. El problema es que estos hombres pueden llegar a decirte que solo estaban haciendo lo que ponía en el guion».

O, peor, que sobrepasaron todos los límites del consentimiento para que sus compañeras se metieran en el papel, para ayudarlas, para darle más realismo, por amor al arte, «para que estuviera más motivada», como le dijo un actor a otra intérprete después de agredirla en una de estas secuencias. No hace falta viajar a los años setenta y ochenta para encontrar ejemplos.

En todos estos momentos, delante y detrás de las cámaras, siempre hay testigos. En una película participan decenas de personas. ¿Cómo se explica el silencio o la inacción de quienes han podido presenciar un abuso de poder o una agresión en un lugar de trabajo? ¿Cómo se desarticula la jerarquía del miedo? ¿De verdad hay un cambio de paradigma y el líder mejor considerado ya no es el que impone el terror como herramienta de trabajo? ¿Los hacemos corresponsables?

Las intérpretes con las que he hablado a lo largo de mis investigaciones callaron o solo se lo explicaron a unos pocos. En ocasiones no supieron identificarlo y lo procesaron como «exigencias del guion». En el cine español opera otra premisa: por cuestiones económicas, es complicado, cuando no imposible, que una vez que el director grita «¡acción!» el protagonista cambie. Es decir, a ninguno de estos hombres lo iban a despedir porque ya tenía metraje grabado y eso suponía un gasto extra. A fin de cuentas, parece que agredieron con el noble propósito de hacer mejor, más grande, creíble y trascendente esa película. En su empeño, se llevaron por delante la autoestima y la seguridad de unas cuantas colegas de profesión.

La cancelación: la banda de las marujas letales

Tengo tres fotos en la galería de mi móvil que se tomaron la noche anterior a la publicación del primer reportaje sobre Carlos Vermut. En ellas, Elena y yo estamos en el despacho de Guillermo, nuestro jefe en la sección de Cultura. Ella lleva una camiseta negra de manga corta, aunque es enero, y unos vaqueros. Está sentada en la silla de él y teclea los últimos cambios del texto, que ya ha pasado todas las revisiones legales, que está encajado ya en página y que se imprimirá en pocas horas. Yo visto un jersey mostaza y también vaqueros. Permanezco de pie. En una de las imágenes, estoy a su lado; en las otras dos, detrás. Miro fijamente a la pantalla, como revisando esos últimos retoques. Sobre la mesa, de madera, están los libros que Guillermo selecciona casi a diario de entre las decenas de paquetes que recibe con las novedades de todas las editoriales, una botella de agua, algún cuaderno y unos cuantos folios de tamaño A3: las pruebas de maqueta de las tres páginas que luego ocupará en la edición impresa nuestra investigación.

De cualquiera de estas tres imágenes se puede hacer un ejercicio semiótico de decapado. Por un lado, está la teatralidad de una secuencia en tres actos que le pedí a mi jefe que ejecutara. Quería capturar ese instante por dos razones. La primera, para que no se me olvidara aquella noche. Pero también por darle algo de épica hollywoodiense a una investigación que no la tuvo. (Me encantaría poder llenar las páginas de este libro con anécdotas propias de *Todos los hombres del presidente*, *Spotlight*, *Al descubierto* y *Los archivos del Pentágono*, entre otros títulos; pero no puedo, la realidad del periodismo de investigación a veces es más mundana, frustrante y tediosa).

Cerramos las páginas del papel. Programamos la versión digital del texto para que se publicara a las cinco y media de la mañana. Revisamos con Nacho (entonces responsable de portada) cómo quedaría la información en la home de *El País*. Mantuvimos una última conversación con Pablo, del equipo de redes, en la que terminamos de fijar cuál sería la estrategia en X, Instagram y Facebook. Conversamos sobre si se compartiría el tema en los canales de difusión de WhatsApp del periódico y acordamos que lo mejor sería que nosotros tres no contestáramos a comentarios en redes; ya se encargaban ellos de gestionar el hate, si es que llegaba.

A las 20.38 le mandé un audio a José. Él estaba en casa con nuestros hijos, en plena marabunta de baños y cenas. Le dije que me iba al Tomaté, el bar que hay enfrente del periódico y que tantas tardes y noches nos sirve a los periodistas de *El País* para conjurarnos, descargar las penas o simplemente despresurizar después de largas jornadas de trabajo. «Ya se han dormido. Tómate una o las que quieras, os las merecéis. Te quiero mucho», me contestó.

Recuerdo que Elena, Gregorio, Guillermo y yo estábamos sentados a una de las mesas altas de una zona del local que reformaron hace unos años y que da esa apariencia de gastrobar a un restaurante de menú de mediodía de un polígono en plena ciudad. Nos bebimos unas cañas y pedimos un plato de jamón. De aquella reunión, que no se alargó mucho, me quedó una frase grabada: «¿Y si mañana no pasa nada? ¿Y si hay silencio administrativo?». No lo hubo, la reacción inmediata fue apabullante. Los días posteriores también.

+++

Hay otra capa de significado en aquellas fotos que guardo en mi móvil. No es tan sencilla de descifrar a simple vista porque, si no te fijas bien, la imagen solo te devuelve el reflejo de dos mujeres trabajando hasta tarde, convencidas de que estaban a punto de pulsar algo así como el botón rojo del Me Too en España.

Hasta pasados unos meses, no fui consciente de cómo aquella escena nos había transformado a Elena, Gregorio y a mí en algo distinto. Por un momento había creído que se habían abierto de golpe las compuertas de la presa Hoover, al avanzar relativamente rápido con nuevas vías que nos llevarían a otros casos. Comenzamos a recibir mensajes de WhatsApp y correos electrónicos en los que más mujeres nos contaban qué les había sucedido con otros hombres de la industria del cine, pero también del periodismo y la literatura. No fueron cientos de e-mails, sino tal vez algo más de una decena.

Pocos días después de la publicación estábamos en casa de otra mujer, con la grabadora encendida, escuchando el relato de la agresión que había sufrido hacía treinta años. Después, una videollamada con otra, un nuevo testimonio. Luego, audios de WhatsApp con una productora que nos conduciría a otro caso.

A finales de febrero, nos liberaron de nuestras carteras (es decir, nos eximieron de escribir sobre nuestros temas habituales, en mi caso sobre todo de arte) para dedicarnos exclusivamente a estas investigaciones. Sentí que había pasado de pantalla, a la categoría de periodista de película. No es un salto muy habitual en los medios de comunicación españoles, a los que yo había llegado como becaria en plena crisis de 2011. Solo unos pocos privilegiados están liberados de todos esos trabajos de carpintería (turnos de edición, cierres, estar pendientes de la agenda o la última hora…) que sostienen un medio de comunicación.

Alrededor de Semana Santa (es decir, en marzo), me di cuenta de que no se había abierto ninguna presa de aspecto brutalista. Tan solo se había movido una de las piedras de esas barreras que todos hemos construido alguna vez en el río de los pueblos de nuestra infancia. Ahora bien, se había movido lo suficiente como para que el agua encontrara una salida. Una pequeña corriente. Es decir, algo había cambiado el curso de los acontecimientos en la industria del cine. Pero ¿por qué no de manera tan contundente como yo esperaba? ¿Necesitaba recuperar esa sensación de adrenalina, de chute de oxitocina, que sentí tras publicar lo que después se llamó «el caso Vermut»?

A Elena, a Gregorio y a mí nos habían convertido en un comando. En la peor de sus acepciones. Esta es, en realidad, la otra capa de significado a la que me refiero. Éramos «la inquisición feminácrata». Estas tres palabras no son de mi cosecha; salieron de la cabeza de un señor que escribe habitualmente en la prensa conservadora española.

Si el miedo de las mujeres a contactarnos, a quedar con nosotros, a ser grabadas y a ver sus experiencias publicadas en un diario de tirada nacional eran los principales inconvenientes con los que lidiábamos en un proyecto de este tipo, había que añadirle que muchas personas de la industria del cine ya no nos veían solo como periodistas haciendo su trabajo, sino como un comando de «marujas letales» (este apelativo tampoco es mío, sino de otro periodista que se define como liberal) con la misión de cazar brujos.

El pánico iba en aumento entre muchas mujeres. Nuestras fuentes, aquellas que nos ayudaban a armar el andamiaje de la investigación, cada vez tenían más temor a ser señaladas o a perder el trabajo. Muy pocas estaban dispuestas a hablar, aunque supiéramos de antemano que habían sido testigo o que, tal vez, nos podrían ayudar a contactar con una mujer que sospechábamos que había sufrido algún tipo de agresión. Se había inoculado tan bien esa sensación de comando que algunas personas ni siquiera aceptaron tomar un café con nosotros, por temor a ser vistas.

Esta situación solo cambió tras el caso Errejón y el estallido de cuentas en Instagram en las que las mujeres empezaron a denunciar de manera anónima a directores de cine, raperos, escritores, productores de publicidad...

+++

Lo que inicialmente había pasado es que, con la avalancha inmediata de respaldo a las tres mujeres que dieron su testimonio en el primer reportaje sobre Carlos Vermut, también llegó el rechazo categórico de quienes consideraron que habíamos cometido «un asesinato civil contra el cineasta» (palabras textuales de dos periodistas televisivos). Repasando los artículos de opinión que se publicaron entonces, he encontrado que, por muy chispeantes que estos hombres se consideren en sus disertaciones, en todos los casos se repiten las mismas ideas. Como mucho, les concedo la originalidad de los calificativos que nos pusieron.

La primera razón por la que, en su opinión, la investigación quedaba invalidada desde su origen era que no se trataba de un ejercicio periodístico, sino de un juicio sumario a las prácticas sexuales entre dos adultos. Argumentaban que habíamos hecho un escrache ante una habitación en la que dos personas habían entrado de manera voluntaria y, por tanto, donde puede suceder cualquier cosa en esa intimidad en la que, efectivamente, no hay más testigos. Esa habitación, metáfora de cualquiera de los espacios donde puede producirse una agresión, se convertía, así, en una suerte de limbo legal en el que, a veces, el sexo no resulta tan bien como una espera, venían a decir. Quiénes éramos nosotros para juzgar el sexo duro.

Añadieron otro argumento: las víctimas no denunciaron ante la policía o un juez. Ni siquiera tenían un parte médico. ¿Por qué demonios el periodismo estaba haciendo el trabajo de estas instituciones, únicas garantes de la justicia y la verdad? Quizá no sabían, como he contado unas páginas atrás, que tan solo el 8 por ciento de las mujeres en España denuncia, ni que existen decenas de estudios de prestigiosos organismos (libres de toda sospecha feminista) que certifican a través de miles de entrevistas por qué el reflejo inmediato de una mujer no es ir a una comisaría, ni siquiera a un hospital. Los procesos judiciales se eternizan porque aún son necesarias demasiadas pruebas para determinar una agresión sexual, lo que produce un efecto disuasorio, entre otras muchas razones.

Los librepensadores que escribieron dichas columnas no fueron los únicos que exigieron a estas mujeres denuncias en el juzgado. Sus propios colegas del cine se ponían delante de los micrófonos y las conminaban a hacerlo porque, decían, «gracias a Dios ahora tienen todos los recursos a su alcance». Gracias a Dios. De sus palabras se desprendía que, si no se denuncia en el momento, una violación es menos violación. Esta semántica está tan hueca de significado que solo hay que cambiar la palabra «violación» por «atraco» o por «corrupción» para comprobarlo. Cuando los llamados «papeles de Bárcenas» llegaron a las redacciones de los dos principales periódicos de este país, nadie cuestionó la caja b del PP; ¿por qué no hay una operación en marcha de la Fiscalía?, ¿dónde está la sentencia judicial con el detalle de los delitos cometidos y las penas a los implicados? Eso llegaría después de las publicaciones en medios.

La violencia contra las mujeres no suele dejar rastro documental, sino secuelas físicas y psicológicas que tienen la misma validez e importancia que un *papel*. Cuando se grita en las manifestaciones «Yo sí te creo», es porque sabemos que nuestra principal prueba de cargo es nuestra palabra.

Elena, Gregorio y yo partimos de sus testimonios, los pusimos en el centro y desde ahí comenzamos a emplear todas las herramientas del periodismo: hablamos con decenas de personas, también con aquellas a las que se lo habían contado; recopilamos e-mails, fotos y mensajes de WhatsApp; nos asesoramos con abogadas y psicólogas expertas en violencia de género... Para unos pocos, todo este trabajo de meses no servía porque no teníamos ese *papel*.

LA COACCIÓN

Además de que nos faltaban pruebas, las voces críticas concluyeron que nos habíamos comportado como verdaderos matones con el cineasta. Las declaraciones que hizo Vermut cuando hablamos con él eran, escribieron, el resultado de una intimidación, cuando no una coacción.

La segunda de las tres llamadas que hicimos al director madrileño la lideré yo. Estábamos en una sala de reuniones de la primera planta del periódico, frente a la zona donde se sientan nuestros compañeros de las redacciones de *El País Semanal,*

S Moda e *Icon*. Yo estaba en la cabecera de la mesa, Elena a mi derecha y Gregorio y Guillermo, a mi izquierda. Gregorio marcó el número, se presentó, le explicó quiénes estábamos allí y que íbamos a grabar la conversación. Puso el altavoz y yo me volví a presentar. Lo primero que le dije es que lo llamábamos de nuevo para ofrecerle algún detalle más de lo que se publicaría al día siguiente y, a la vez, le advertí de que le daría explicaciones, pero sin dejar de garantizar la protección de las mujeres que realizaban esas acusaciones.

La conversación duró veintiún minutos y ocho segundos. Y en un ejercicio de escucha precisa se pueden oír los latidos de mi corazón como el compás de un metrónomo, y cómo se me iba cerrando la boca del estómago hasta formar un nudo marinero del que me fue difícil deshacerme hasta tiempo después. Lo que no he percibido, al revisar el audio, es coacción, amenaza o intimidación, ni siquiera cuando él se despide de manera educada.

Con el objetivo de revocar el valor de nuestro trabajo, llegaron a acusarnos de elevar el rumor a la categoría de hecho contrastado. Pasamos a formar parte del colectivo de creadores de noticias falsas. Habíamos hecho un trabajo de brocha gorda, usando solo la gama de grises; por eso uno de estos señores nos amenazó desde el titular de uno de sus artículos con la posibilidad de destruir nuestras vidas (la de un periodista de *El País*). Son palabras textuales. Con estos mimbres, decía, le iba a ser muy sencillo.

Aún tengo dudas de que se dieran cuenta de que estas exigencias que nos plantearon eran, en realidad, una enmienda a la totalidad del periodismo de investigación.

+++

Quienes lideran la ola reaccionaria contra el feminismo suelen esgrimir un argumento más para invalidar nuestro trabajo: con estos textos contribuimos a la infantilización de las mujeres. Aquella investigación, aseguraban, imponía la idea de que si entras en casa de un hombre y en mitad del acto sexual quieres parar, pero no lo verbalizas, es tu problema. Porque una mujer sabe perfectamente decir que no cuando algo no le gusta, le duele o ya no le apetece más, venían a decir.

Nos señalaron un punto de partida: las mujeres son víctimas. Pero no es cierto. Este argumentario forma parte de una causa política e ideológica que defiende uno de los extremos en el debate sobre el consentimiento en el que llevamos años enfrascados y que tiene su diana en la ley del «solo sí es sí». Más en concreto, en la exministra de Igualdad, Irene Montero. Yo confiaba en que después del «piquito» que reventó el sistema con el movimiento Se Acabó ya no habría dudas sobre las historias de abusos que nos narraron las mujeres, pero no fue así.

Este cuestionamiento, que aún persiste, tuve que reconocérselo a una de las mujeres que aparecen en la primera publicación. Habían pasado tan solo tres días desde que el caso saliera a la luz y yo estaba en la sierra de Madrid tratando de forzar la desconexión y bajar las pulsaciones lanzando bolas de nieve con mis hijos. No debí de encontrar el lugar exacto en el que perder la cobertura porque recibí un mensaje en el que ella me preguntaba si me podía llamar. Le dije que sí, claro. Cuando respondí, me di cuenta de que la euforia inicial que había compartido conmigo a las pocas horas de publicarse su testimonio, motivada por esa avalancha de mensajes de apoyo en redes, se estaba disipando. Había leído los artículos del domingo.

Noté tristeza, frustración, nerviosismo y cierta desesperanza en sus palabras. La estaban acusando de no haber denunciado. Estaban cuestionando su experiencia. No la estaban creyendo. «¿Qué tengo que hacer? –me preguntó–, ¿qué más quieren?».

Igual que había hecho durante los meses precedentes en las decenas de llamadas y mensajes que habíamos intercambiado, intenté mostrarme profesional sin renunciar a un ápice de empatía. No le dije que lo que querían era una foto de un moratón, sangre o una prueba de semen. Eso ella ya lo sabía. Lo que acerté a contestar fue que, pasados unos días, el ruido del debate que estos señores estaban liderando decaería. Esbocé una especie de explicación didáctica sobre cómo funcionan los flujos de información. Aunque, en el fondo, creo que las dos sabíamos que, aunque el suflé bajara, ya habían vuelto a regar la semilla de la duda.

Un método riguroso

«¿Cómo lleváis personalmente tratar con mujeres que han sufrido algún tipo de violencia sexual?», nos preguntó una estudiante de la Universidad de La Laguna a Andrea Momoito, fundadora de *Pikara Magazine*, Jennifer Jiménez, redactora de *Canarias Ahora*, y a mí al final de la mesa redonda «Violencias sexuales y periodismo de investigación», celebrada en octubre de 2024 en Tenerife. Recuerdo que respondí la primera y sin dudar: «Mal. Hasta me rompí una muela por mi incapacidad de gestionar el estrés y la presión». Andrea contó cómo se dejaba llevar cuando hablaba con alguien que le contaba un testimonio de este tipo, hasta el punto de compartir lágrimas. Jennifer explicó el nivel de implicación que conlleva un trabajo de esta clase. En ese instante, las tres nos dimos cuenta de que para sobrevivir habíamos tenido que desarrollar un método propio.

Gregorio, Elena y yo, como ya he apuntado en varias ocasiones, fuimos desarrollando un método riguroso. Desde el principio, comprendimos que estas mujeres estaban confiándonos una parcela de su intimidad que, en muchas ocasiones, desconocía su familia o amigos. Teníamos que fortalecer esa confianza convirtiéndonos en un lugar seguro. Por eso, desde el primer mensaje de WhatsApp o correo electrónico, las dos vías a través de las que se iniciaba el contacto, les garantizábamos nuestro compromiso de proteger su identidad en caso de que así lo pidiesen.

Descubrí que enviar mensajes de voz era un buen recurso para romper el hielo. Así me podían escuchar y entenderían que nuestro trabajo no siempre empieza dándole al botón de REC de una grabadora. Si ese momento llegaba, sería cuando ellas lo decidieran.

Es decir, si después de ese primer contacto no querían volver a saber nada más de nosotros, asumiríamos que nada de aquello había tenido lugar. Lo mismo les dijimos a las otras fuentes, decenas de personas del sector audiovisual que accedieron a hablar con nosotros y nos ayudaron a elaborar otra parte del relato, la que explica las dinámicas estructurales que permiten a determinados hombres actuar con esta impunidad. Las trasladamos al texto final transformadas en números, simples cifras que certificaban que nos encargamos de contrastar cada detalle de los testimonios que las mujeres nos dieron. Además, confirmaron el silencio cómplice de una parte de la industria del audiovisual en España.

Después de ese primer mensaje, quedamos con las mujeres donde ellas propongan y a la hora que les vaya bien. Antes, les preguntamos si quieren acudir solas o en compañía de alguna persona que les ayude a estar algo más tranquilas. A lo largo de este tiempo, nos hemos reunido con mujeres y sus amigas, sus parejas, sus representantes…

También son ellas las que deciden con quiénes

de nosotros tres quieren hablar. Les explicamos que nos gustaría que como mínimo estuviésemos presentes dos, porque uno puede tener en cuenta lo que a otro se le pueda escapar en un momento dado. Y no se imaginan la capacidad para reforzar sus testimonios que tiene el más mínimo detalle.

Antes de que empiecen a narrar su historia, hacemos una larga introducción sobre nuestra manera de trabajar. Les contamos que podemos encender la grabadora en ese mismo momento o, si lo prefieren, no encenderla, porque tal vez necesiten ese primer encuentro para conocernos y tomar confianza. En estas citas hemos podido dedicar más de media hora a describirles el proceso de trabajo: grabamos su testimonio y lo transcribimos.

No será la única vez que volvamos a ponernos en contacto con ellas. Somos conscientes de que en casos como los suyos es muy difícil encontrar una prueba documental. Por eso, les pedimos que nos dejen hablar, como mínimo, con dos de las personas a las que en algún momento les contaron lo que les había sucedido. Son llamadas de confirmación que nunca aparecerán publicadas en el diario con sus nombres, pero que nos ayudan a reforzar la veracidad de los testimonios que narramos. Además, en este proceso de verificación suelen aparecer nuevos datos que contribuyen a que sus relatos sean más precisos. En más de una ocasión nos han permitido encontrar, siempre en colaboración con ellas, mensajes, e-mails y fotos que constituyen un sólido apoyo documental.

Después, a partir de su testimonio transcrito comenzamos la labor de edición y redacción periodística, que siempre hemos mantenido sujeta a unos estrictos criterios profesionales. De ahí sale el reportaje final. Solo se publicará después de que ellas revisen sus entrecomillados. El objetivo es que, cuando salga a la luz, nada las sorprenda de sus testimonios.

Hay un importante paso intermedio al que aún no he hecho alusión: la declaración jurada. Este es un método que aprendimos de nuestros compañeros del equipo de investigación sobre abusos en la Iglesia. Se trata de un documento, con esa primera transcripción de sus testimonios, que las mujeres firman con su nombre, apellidos y DNI. Se convierte en una suerte de garantía o certificado de que detrás de cada entrecomillado hay una persona que no solo ha tenido la valentía de contar su historia públicamente, sino que antes se la ha relatado a tres periodistas a los que no conocía de nada.

En este punto habrá quien diga que por qué pedimos una declaración jurada si llevo páginas y páginas insistiendo en que creo lo que me han contado esas mujeres y en que siempre he puesto su testimonio en el centro de mi trabajo. La verdad, me sigo haciendo la misma pregunta cada vez que tengo que planteárselo a una de ellas. De hecho, creo que me cambia hasta el tono de voz cuando se lo expongo, porque sé que después de explicarles qué es este documento llega otra pregunta: «En caso de denuncia, ¿vais a entregar el papel y se desvelará mi identidad en un juzgado?».

Ese riesgo existe. Las denuncias por injurias al honor o calumnias son las más habituales en los medios de comunicación, y en esas circunstancias los periodistas tenemos que demostrar ante un juez que nuestras informaciones son veraces, que hicimos bien nuestro trabajo. En caso de llegar a un juicio, el magistrado puede llamarnos a declarar, solicitarnos documentación o que revelemos nuestras fuentes. Y, una vez más, esto no es Hollywood, ni Estados Unidos: defenderemos la confidencialidad y el secreto profesional hasta el final, o por lo menos hasta donde la ley española nos lo permita.

Quizá sean más esclarecedores los argumentos que empleó Soledad Alcaide, defensora del lector de *El País*, después de que se publicara el primer reportaje sobre Vermut:

> «Es [la declaración jurada] una barrera de protección», explica Elena Reina, porque asocia internamente cada versión a una persona y reduce el riesgo de que la identidad salga a la luz. Ella lo define como un expediente de testigo protegido, en el que se ha documentado cada caso con el material probatorio.
>
> Este caso modifica la práctica periodística. Los protocolos que exigen una denuncia policial o identificar las fuentes no se pensaron para respetar la presunción de inocencia o proteger a las víctimas, sino para descargar a los periodistas de responsabilidad ante posibles acciones judiciales. Pero esas exigencias, cuando se trata de víctimas de violencia machista, las expone y ellas, ante el riesgo, optan por callar.
>
> Establecer un ámbito donde las víctimas se sientan seguras es posible si prevalece la máxima de que un periodista nunca revela sus fuentes. En EL PAÍS no es raro el uso de testimonios anónimos: es

habitual obtener información de políticos que exigen no ser identificados y, esta misma semana, en un reportaje sobre gazatíes que pagan para huir de Gaza los protagonistas rehúsan dar su nombre por miedo a represalias. ¿Por qué habría que exigir más a quienes denuncian abusos sexuales?

Acogerse al secreto profesional no significa pedir a los lectores una fe ciega, sino que exige al periodista redoblar el esfuerzo en ofrecer evidencias, como se ha hecho aquí. Que el caso acabe en un juicio no depende del periódico, ni debe ser su objetivo. Todavía es la hora del periodismo.

La víctima es él

En el marco de cualquier investigación sobre violencia sexual, llega un día en que de la reacción inicial de indignación y apoyo a las víctimas se pasa a la expiación social del agresor. No sabría marcar un calendario exacto. Puede ser varios días, un mes o años. En mi caso, he experimentado este proceso en dos ocasiones.

En una de ellas, tras varias llamadas a fuentes, una persona se comunicó con nosotros para consultarnos hasta cuándo íbamos a seguir preguntando por su amigo. Aún no habíamos ni empezado a escribir, estábamos en una fase previa del trabajo periodístico, pero nos quiso dejar claro que este hombre siempre ha tenido «un comportamiento impecable» y que con nuestro trabajo «hacemos un mal terrible a los inocentes». En aquella llamada ya se le coló un «en caso de publicación, denuncia al canto», sin que su tono de voz se saliese ni por un instante de la frecuencia de la amabilidad.

La otra vez fue cuando una actriz nos hizo llegar un mensaje de parte de uno de los amigos de Vermut, a las pocas semanas de publicar el segundo reportaje del caso. Otra vez un recadito. Quería que supiéramos que le habíamos arruinado la carrera a «alguien prometedor». En concreto, al director de cine español llamado a ganar un día el Festival de Cannes. El único, decían, que podía conseguirlo, por el tipo de películas que hace.

Traducción: le habíamos arruinado la vida a un genio.

Las palabras cristalizan. Usar este sustantivo, o el adjetivo «prometedor», pone el foco sobre el periodismo («A veces hay que mirar el dedo que señala, no a la luna», leí en un artículo contra mi trabajo) y marca el inicio del camino de la redención.

No es necesario recurrir a un nombre y apellido concretos. Según he aprendido en los últimos años, el sistema funciona así:

- Un comando de sicarias del feminismo se cobra una víctima, alguien con una visión muy original y un desempeño extraordinario en su disciplina artística.
- Puede ser un hombre joven, prometedor, con un futuro brillante que genera esas ganas de imaginar hacia dónde lo llevará su carrera y querer ser testigo de ello. O tal vez sea alguien con una dilatada experiencia, plagada de reconocimientos, construida con mucho esfuerzo y que abrió el camino para otros. Ese tipo de actor que no ha parado ni un solo año de trabajar en sus cuarenta en activo. En ambos casos, su aportación ha marcado la cultura de su país o se ha convertido en emblema internacional.
- Hay que separar al autor de su obra. Defender que su legado artístico tiene que ser independiente y autónomo de lo que puede hacer en el ámbito personal. Y, por supuesto, no se debe se-

ñalar a quien disfruta de un cuadro, un disco o una película sin pensar en la biografía de su creador.

- Pasado un tiempo razonable (no suele haber una medida concreta) es preciso empezar a agitar el Cebralín para que, una vez aplicado, salga bien la mancha. A fin de cuentas, es o era un genio, se le permiten algunas licencias como, por ejemplo, descontrolarse un poco en el sexo. ¿Qué podemos pretender de alguien muy masculino, muy sexual, muy genial?
- En caso de fallecimiento del supuesto agresor, se acelera la obligación moral de recuperar su figura y obra bien sacudidas de cualquier sospecha.

Este decálogo está articulado a través de las maneras en que últimamente la sociedad siente la urgencia de redimir y perdonar a Woody Allen, Roman Polanski, Johnny Depp, Harvey Weinstein, Kevin Spacey, Plácido Domingo e incluso Brad Pitt. Percibo cierta prisa por suturar la herida de estos y otros hombres, algunos de ellos directamente condenados con sentencia judicial. En el caso Errejón, los plazos se aceleraron.

El ya exportavoz se defendió en su carta alegando que «la política genera una subjetividad tóxica que en el caso de los hombres el patriarcado multiplica, con compañeros y compañeras de trabajo, con compañeros y compañeras de organización, con relaciones afectivas e incluso con uno mismo». Y añadió: «He llegado al límite de la contradicción entre el personaje y la persona». En su narrativa, la víctima era él.

En menos tiempo de lo que pude siquiera prever, aparecieron hasta tres publicaciones en distintos medios de comunicación en las que se usó la palabra «linchamiento» para referirse a lo que le estaba sucediendo a Errejón. Como si ese término no tuviera una clara connotación. ¿Dónde estaba esa turba violenta ejerciendo tal violencia sobre un representante público con un aparente discurso feminista?

En una ocasión, una actriz con la que quedamos a tomar un café con la esperanza de que nos ayudara con una pista, nos sorprendió preguntándonos: «¿Qué hacemos con estos hombres?, ¿cómo les podemos ayudar?».

No es un debate que me interese obviar. Me llamó la atención que en aquella charla en la que hablábamos de las supuestas agresiones de un hombre con mucho poder en la industria, ella planteara estas cuestiones. Me fui a casa con la sensación de que se ponían en el mismo plano de importancia las experiencias de ambas partes, agresor y agredidas. Pero tal vez fue solo mi percepción.

En estas situaciones, me viene a la mente un diálogo de la película *Una joven prometedora*. La protagonista, Cassie, que quiere vengar a su amiga, habla con uno de los personajes masculinos:

> –Es la peor pesadilla de todo hombre ser acusado de algo así.
> –¿Te has preguntado cuál es la peor pesadilla de toda mujer?

En este borrado al que asistimos desde hace unos pocos años, se tiende a equiparar la incomodidad o el perjuicio social que se le puede causar a un agresor con una violación.

+++

Elena compartió la noticia a las 17.58 del martes 17 de septiembre de 2024 en el grupo de WhatsApp en el que estamos Gregorio, ella y yo.

«Carlos Vermut anuncia acciones legales contra *El País*».

Llevábamos siete meses esperando. Nos había llegado alguna información sobre lo que hacía o a lo que intentaba dedicarse el cineasta. Ya estábamos muy centrados en otras investigaciones y, de alguna manera, aunque no se me había olvidado esta posibilidad, la tenía aparcada en algún lugar de mi cerebro y del resto de mi cuerpo.

The Objective fue el primer medio en publicar el comunicado de dos folios de Vermut. Luego siguieron *El Debate*, *Okdiario*, *Vozpópuli*, *El Confidencial* y, a última hora de la noche, *ABC*. Los diarios ultras y conservadores fueron los elegidos por Guadalupe Sánchez, su abogada, para difundir la información. Al día siguiente estaba en la mayor parte de la prensa. Pero, al contrario de lo que esperábamos, el ruido en redes se quedó en un mero susurro.

Estas son algunas de las declaraciones del director:

> «Hasta la fecha no se ha formalizado ninguna denuncia ni se ha iniciado ninguna investigación en mi contra».

> «Siempre he procurado, en cada una de mis re-

laciones sexuales y sentimentales, construir un ambiente de complicidad y confianza. Por ello, lamento sinceramente si algunas personas no encontraron en mí la persona con la que compartir plenamente sus sentimientos».

«Cuando los periodistas se pusieron en contacto conmigo, la información que me proporcionaron fue anónima, parcial y carente de contexto».

«Durante nuestras conversaciones, que se extendieron por más de media hora y a las que accedí de buena fe, negué de manera rotunda las acusaciones en mi contra, manteniendo siempre una actitud respetuosa y sin mostrar la arrogancia con la que luego fui retratado».

«Entiendo y comparto la necesidad de cuestionar y erradicar comportamientos inaceptables, no solo en la industria del cine, sino en todos los ámbitos de la esfera pública y privada. Es evidente que las dinámicas han evolucionado, y es alentador que continúen transformándose para que podamos relacionarnos de una manera más sana».

«Este cambio no debe estar impulsado por el miedo a la cancelación o a ver carreras destruidas, sino que entiendo que debe surgir de un proceso honesto de reflexión y empatía».

Inmediatamente después de leer el comunicado, hablamos con nuestros jefes, Guillermo y Raquel. Nos transmitieron calma y apoyo. También hicimos una llamada grupal con el equipo legal del periódico en busca de respuestas ante todos los escenarios que imaginamos en ese momento. A esa hora, en mi casa, estaba a punto de salir el Tren de la Bruja de las cenas, los baños y el sueño de mis hijos, así que cerré la puerta de mi habitación y traté de obviar lo que pasaba al otro lado. Nuestro abogado nos explicó a qué nos enfrentábamos si llegaba la denuncia, porque en aquel momento solo teníamos una amenaza retransmitida a través de la prensa.

Consciente de lo que podría venir y con cierto temor por la posible reacción en cadena de los revanchistas en redes sociales, colgué el teléfono. Para entonces, una de las mujeres que había dado su testimonio ya se había puesto en contacto con nosotros. Elena, Gregorio y yo decidimos escribirles a todas y avisarlas del comunicado de Vermut y de nuestra charla con el abogado del diario. Después, silencié el móvil y me metí en tarea: cenas, baños y a dormir.

Al salir de la habitación de mis hijos, tras un rato largo de oscuridad, mis pupilas volvieron a empequeñecerse al desbloquear la pantalla del móvil. En varios mensajes, tenía las respuestas más precisas y dolorosas al comunicado de Vermut. Ya me habían contestado las mujeres a las que había avisado y otras que forman parte de varias investigaciones que tenemos en paralelo. Esas a las que el cineasta y su abogada cuestionan por no haber dado su nombre, a las que desfiguran como si no existieran bajo la denominación de «anónimas». No lo son, existen y además firmaron una declaración jurada con las implicaciones legales que este documento les puede acarrear.

Siguen sin denunciar, les reprochan, como si esa fuera la única prueba para demostrar una agresión. Como recordó Nevenka Fernández en *El País Se-*

manal días antes del estreno de la película *Soy Nevenka* en el festival de cine de San Sebastián, «no creo que todas las mujeres, ante un caso así, puedan denunciar. Porque denunciar significa romper con todo. Y que te rompan. No es una decisión fácil, ni económicamente, ni personalmente, ni emocionalmente». Ella lo hizo porque, explicó, de lo contrario «habría muerto». Y en un tremendo ejercicio de empatía y sororidad ha entendido durante estos últimos veinte años las razones de quienes no lo hacen y, sin embargo, necesitan contarlo, también en un medio de comunicación o en todas esas cuentas de Instagram que surgieron tras el caso Errejón. «Hablar sí, claro, hay que hablar, primero porque lo que no se nombra no existe, y segundo porque ese silencio solo favorece a los que agreden y a quienes los cubren. Pero claro, hay que ser muy fuerte también para poder hablar», continúa Fernández en la entrevista.

Aquella noche de septiembre, al teléfono, intenté decirle algo parecido, lo que me salió, a una de estas mujeres que me pidió, por favor, que la llamara, a la hora que fuera.

«Sé que tiene derecho a hacerlo, pero es una revictimización más. Y es muy doloroso ver que él se posiciona como víctima».

«Si me llaman a declarar, yo no tengo nada, Ana. Solo tengo mi palabra, y después de ver *Prima facie* [la obra de teatro protagonizada por Victoria Luengo] me he dado cuenta de que eso no sirve de nada en un tribunal».

Yo también había ido a ver *Prima facie* con mis amigas y había salido de los Teatros del Canal con esa misma sensación de rabia ante la injusticia que demasiadas veces se reparte en un juzgado en casos de violencia sexual contra las mujeres. ¿Por qué iba a ser distinto esta vez?

Pensaba en la sentencia de La Manada, en la revocación de la condena por violación a Harvey Weinstein, en el enfado de Gisèle en una de las jornadas de su juicio cuando, ya harta de cuestionamientos, gritó: «Desde que llegué a esta sala de audiencias, me siento humillada. Me han llamado alcohólica, cómplice del señor Pélicot. He oído de todo, se necesita un grado de paciencia muy alto para soportar todo lo que tengo que escuchar. ¡Tengo la sensación de que la culpable soy yo, y que los cincuenta de detrás son las víctimas!».

Mi móvil no paraba de recibir mensajes de otras mujeres.

«Es un cuestionamiento a esas mujeres y vuestro trabajo para sembrar la duda, quiere que parezca que vosotros y ellas sois los culpables».

«Esta va a ser la losa que sepulte mi carrera, van a ir a por mí».

¿Qué se contesta a esto? Ni siquiera había llegado la denuncia.

Joder, qué rabia.

La revictimización

Si ya resulta difícil asumirse como una víctima, compartir la vivencia equivale, en ocasiones, a someterse a un proceso de revictimización (también conocida como «victimización secundaria») muy desagradable. Pasar de una experiencia traumática al juicio y a la exposición pública ha resultado ser la mejor profilaxis para la cultura de la violación. Pocas imaginan lo duro que resulta tener que decir en alto lo que te ha sucedido, de manera coherente, y muy probablemente verte obligada a repetirlo una y otra vez ante desconocidos que, en ciertas circunstancias, dejan la empatía en el quicio de la puerta de una comisaría, de un hospital o de un tribunal. Son estas instituciones, a su vez, las únicas garantías que te ofrece el Estado para la reparación.

Una mujer puede tener la sensación de verse cuestionada desde el preciso momento en que se acerca a una comisaría a poner una denuncia. Si la demanda prospera, se ponen en marcha las reglas del juego procesal que se rige por el principio de contradicción: una testigo debe contestar a las acusaciones, pero también a las defensas.

Los expertos plantean desde hace años varios remedios a este impacto emocional sobre las denunciantes, como, por ejemplo, que las investigaciones previas sean más sólidas para evitar tener que repetir el horror vivido sosteniendo, además, un relato coherente. La literatura científica lleva años advirtiendo de la dificultad de esto último, como se explica en «Psicología del testimonio», de Margarita Diges y José Joaquín Mira, artículo en el que se apunta a que las vivencias traumáticas, como una violación, generan una memoria fragmentada.

La sentencia condenatoria contra el futbolista Dani Alves por violación, aunque fue criticada por su laxitud punitivista (le permitió salir de la cárcel previo pago), dejó unas cuantas frases para la jurisprudencia y la pedagogía social que han ayudado a entender de qué manera se puede preservar la presunción de inocencia y, a la vez, explican el concepto de la revictimización: «No parece que ninguna ventaja obtuviera la denunciante. [...] Sin contar los que se derivan de la victimización secundaria: explicar los hechos a los trabajadores de Sutton, posteriormente a los Mossos d'Esquadra, a los médicos que la asistieron (primero de urgencias y luego a los forenses), al Juez de Instrucción y acudir a un juicio donde iba a ser interrogada por un mínimo de tres profesionales de la Justicia ante la observación de un Tribunal de tres magistrados».

Yo misma he sentido que con mi investigación contribuía a este proceso de revictimización debido a una serie de exigencias periodísticas. He tenido que preguntar, por ejemplo, por qué no denunciaron. He tenido que indagar en agresiones físicas para conseguir determinados detalles. Les he hecho repetir y revivir su testimonio.

En una ocasión en la que Elena y yo necesitábamos pruebas, le pedimos el móvil a una mujer e hicimos una búsqueda por palabras en su historial de WhatsApp. Era invierno, pero de nuevo estábamos en una terraza para que ella pudiera fumar y manejar la ansiedad. Nos dio el aparato y se sentó a la mesa de al lado mientras fingía leer un libro. Durante algo más de media hora, rastreamos su intimidad. Entre decenas de mensajes, encontramos uno en el que le contaba a una amiga lo que le había sucedido la noche en que invitó a Vermut a su casa y le «pegó dos tortazos». Una parte de esa conversación la reprodujimos en el primer reportaje.

Me fui de allí con una sensación amarga. Al día siguiente les podría demostrar a mis jefes que tenía un *papel*. Sabía que reproducir aquella charla nos ahorraría a nosotros, los periodistas, y a ella alguno de los cientos de cuestionamientos públicos que aun así llegaron cuando el texto vio la luz. Pero, para conseguirlo, ¿había contribuido a la revictimización de esta mujer? Si yo tenía tan claro que su testimonio era el centro de nuestro trabajo, ¿por qué le había hecho pasar ese mal rato?; ¿no eran suficientes su palabra, sus recuerdos, que ya había relatado dos veces?

En otra investigación, una mujer que había sufrido tal nivel de acoso sexual que le había provocado vómitos en su puesto de trabajo, me devolvió con crudeza a esta sensación de contribuir a la revictimización. Se suponía que iba a ser la última vez que íbamos a hablar de lo que le había sucedido. Elena y yo nos conectamos a la videollamada y, tras un rato de charla más o menos tensa, le volvimos a plantear si podíamos hablar con alguna de las personas a las que se lo había contado. «De verdad que ya me estoy enfadando, no paráis de pedirme hablar con más gente de mi entorno, como si estuviera mintiendo o lo que os he contado no fuera suficiente. No quiero enmarronar a nadie», nos respondió.

+++

En junio de 2017, cuando era corresponsal en Colombia para *El País*, pasé tres días con un grupo de mujeres en Tumaco, puerto del Pacífico, donde históricamente han confluido todas las violencias que han marcado la memoria de ese territorio y la de sus habitantes. Judith Bedoya, periodista colombiana, superviviente de violencia sexual, había reunido a cincuenta mujeres de esta región para que hablaran en un entorno de confianza de lo que les había sucedido. De alguna manera, les ayudaba en el tránsito de pasar de víctimas a supervivientes a falta de garantías legales e institucionales en ese país.

Una de las noches, me senté a hablar con una de ellas. Había llegado al Pacífico desde el norte de Colombia. Me relató de manera pormenorizada cómo un grupo de paramilitares la secuestraron a la salida de su trabajo y la violaron durante días. Cuando la soltaron, trató de buscar justicia durante años. Era una mujer pobre y racializada.

Recuerdo que contuve la rabia y el llanto durante toda la conversación. Me empeñé en ser esa cirujana que disocia cuando entra en un quirófano y tiene por delante quince horas de operación a vida o muerte. Como si esa actitud me convirtiera en mejor periodista, en una profesional. Intentaba no levantar la vista del cuaderno donde iba tomando notas. Pero cuando lo hacía miraba a los ojos a aquella mujer, le debía ese respeto. Al acabar de hablar, acerté a decirle: «Gracias por compartir conmigo tu historia». Y ella me respondió con una frase que no quiero que se me olvide jamás: «Gracias a ti por escucharme, me da dignidad». Con la fuerza que pude, le di un abrazo y me fui a mi habitación. Allí rompí a llorar.

Antes y después de cada una de las entrevistas que he hecho durante mis investigaciones, cuando me cuestionaba y me castigaba pensando que estaba revictimizando a estas mujeres con mis preguntas, me he recordado a mí misma la importancia de esta escena. Siempre he terminado estos encuentros con un abrazo que ha supuesto algo de consuelo para las dos.

Ojalá sirva

En estos últimos años me he preguntado muchas veces por qué entré en el despacho de mi jefe y le propuse investigar sobre los posibles abusos en el cine español. La respuesta corta es que percibí que algo había cambiado en este sector tras la fiesta de los Feroz en 2023. La valoración más larga, o compleja, la sigo tratando de desenmarañar. Al tirar del hilo me sale una justificación inicial que combina teoría periodística y feminista. En ese cruce me surge el dilema de si en algún momento el interés general que marca mi trabajo se ve superado por mi propio activismo.

¿Tengo que dejar a un lado mi mirada femenina y feminista?; ¿debo desvincularme de situaciones que no es que no me sean ajenas, sino que las he vivido de cerca por mi experiencia, la de mis amigas, la de mi madre o la de mis compañeras de trabajo?; ¿cómo explico el testimonio de decenas de mujeres de manera neutral, objetiva, imparcial y demás sinónimos que vertebran el periodismo sin que de la lectura final se desprenda una cierta evangelización?; ¿por qué no tuve estas dudas cuando pasé una semana en la selva de Colombia con las FARC, cuando hice crónica política de Podemos o cuando me envían a cubrir un concierto de Karol G?

He tratado de resolver cada una de estas inseguridades, que me han asaltado en multitud de ocasiones, con las dos palabras que se han convertido en un mantra personal, «ojalá sirva». Fue la respuesta que di a cada mensaje de apoyo y felicitación que me llegó al teléfono tras publicar la investigación sobre Carlos Vermut. Es la misma idea que transmito cuando quedo con una mujer o contacto con una persona que me puede ayudar con un caso.

Nunca hemos ido en busca de delitos. Nuestro trabajo no tiene como meta que alguien vaya a la cárcel, y mucho menos cometer un asesinato civil a través de nuestras informaciones, de lo que algunos nos acusaron.

Conseguir que las cosas cambien implica, por ejemplo, que desde enero de 2024, poco después de publicar el primer reportaje, hay muchos hombres de la industria del cine que han modificado su comportamiento. Lo sé porque este trabajo no ha acabado, hacemos entrevistas o estamos en contacto con fuentes del sector casi todas las semanas, y son muchas las personas que nos dicen: «Se nota el cambio», «han parado», «creo que tienen miedo».

Una información periodística parapetada por meses de trabajo no tiene como misión inocular miedo. Ese sentimiento llega por otro lado y por otras razones. Tal vez por la asunción de que algo debes estar haciendo regular (o directamente mal) si un reportaje te devuelve ese reflejo. O porque cuando una de estas personas que han ejercido el abuso de poder en un rodaje deja de encontrarse con el silencio, una risa o un gesto de connivencia ante su comportamiento, sus pies se vuelven de plomo para evitar el señalamiento.

El suelo sobre el que trabajamos está ya fertilizado por el tesón de miles de mujeres que han puesto en el centro del debate la violencia sexual. Hay una conciencia crítica y colectiva con un poder extraordinario que ya no permite que caiga en la irrelevancia cualquier hecho que antes de 2017 entraba en la categoría social de «eso suele pasar».

+++

Al día siguiente de que el primer reportaje de Vermut viera la luz, recopilamos las primeras reacciones: «"No estáis solas": el mundo de la cultura y la política reacciona a las acusaciones contra Carlos Vermut por violencia sexual». «No estáis solas» fue la expresión que más se repitió en mensajes en redes y en comunicados oficiales. Esta respuesta tan contundente fue la responsable de que a mediodía nos llegara un nuevo caso que se convirtió en el punto de partida de la segunda parte del reportaje, que publicamos casi un mes después, el 26 de febrero.

Una actriz escribió a un compañero del periódico al que conocía. Le dijo que quería hablar, que al leer los relatos se había dado cuenta por fin de lo que le había sucedido durante casi un año de relación con el cineasta. Una información periodística, contaba, le había dado más respuestas que la terapia, que las confesiones a sus amigas, incluso que una llamada al 016 (el servicio de atención a las víctimas de violencia machista) que fue del todo menos útil. «Me dijeron que no podían ayudarme porque yo había subido de manera voluntaria a su casa, que si no me había obligado... Yo les decía que me había informado de su manera de manipularme y me contestaron que era mejor no mirar en internet. Entonces, pensé, "si tú no me crees, ¿quién coño me va a creer?"».

Nosotros.

Para entonces, la Asociación de Mujeres Cineastas y de Medios Audiovisuales (CIMA), la Academia de Cine de Cataluña, La Unión de Actores y Actrices, la ministra de Igualdad, Ana Redondo, el ministro de Cultura, Ernest Urtasun, varios partidos políticos, el festival D'A de Barcelona o el presidente de la SGAE, Antonio Onetti, ya se habían pronunciado a través de las redes sociales o en comunicados.

X se convirtió en el canal a través del que se expresó la mayoría de la gente del cine que quiso dar su mensaje de apoyo. La lista es larga: Leonor Watling, Sara Sálamo, Carolina Yuste, Celia de Molina, Patxi Freytez, Guillermo Toledo, Susana Abaitua, Eduardo Noriega y Victoria Luengo; directores como Laura Hojman, Isabel de Ocampo, Montxo Armendáriz, Javier Giner y Carlota Pereda; guionistas como Natxo López, Ángel Armero y Alba Lucio; productores como Simón de Santiago, Jaume Ripoll, Jesús Choya, María Zamora, Gloria Bretones, Agustín Almodóvar; escritoras como Alana S. Portero, Inés Martín Rodrigo, Elvira Sastre...

Los que hasta ese momento se habían definido como amigos de Vermut también hablaron. Un ejemplo: Enrique Lavigne, productor de la película *Quién te cantará*. «Hoy los caracteres de Twitter no son suficientes para asimilar el horror, y, en efecto, no hay más espacio que para apoyar a las víctimas de estos abusos. El sistema ya está suficientemente degradado y se pudrirá solo, y que este artículo sea el primer peldaño para este reset». A las 11.12 de la mañana había escrito otro tuit, que posteriormente borró. Decía así: «Este artículo tan oscuro, tan salvaje, tan violento, pone en solfa un sistema construido entorno [*sic*] a la ilusión por un mundo que no es real como el del Cine, donde nada o casi nada es lo que parece. Quizás por eso *El País* haya elegido el día de los feroces Feroz para lanzarlo».

En los feroces Feroz, parafraseando a Lavigne, nos colocaron al final de una larga y abarrotada alfombra roja. Los invitados podían tardar más de una hora en llegar a nuestra posición, lo que, con sinceridad, leímos como un castigo por haber publicado nuestro reportaje el mismo día de la entrega de premios.

Un inciso: no lo hicimos coincidir. Pero si así hubiera sido, ¿de qué se nos podría acusar?

Antes de acercarse a nuestro micrófono, el representante de turno nos avisaba de si su *talent* (palabra que descubrí aquella noche; ahora se llama así a los actores y las actrices, o por lo menos unos cuantos lo hacen) quería hablar o, al revés, no iba a decir nada. Las excusas fueron variopintas: no había podido leer la información; no tenía nada que decir; no era el momento… Creo que una de mis favoritas fue la de un grupo de actrices que, lideradas por una también cineasta, nos dijeron que no se podía hablar de estos temas «así de maquilladas, con estas joyas y estos vestidos tan caros». Son palabras textuales. Me pregunto si es necesario tener el pelo sucio, ir en chándal y comer litros de helado para hablar de la violencia contra las mujeres. O, a lo mejor, hay que vestir de luto y hacerlo en una entrevista, digamos, «muy seria», con un plano y unos focos bien dirigidos. Todo muy solemne.

Quienes no esgrimieron excusa alguna, como ya habían hecho en las redes sociales, se mostraron del lado de las mujeres, pero esta vez dando la cara frente a los micrófonos y las cámaras. No hubo un solo medio, plataforma e influencer que no preguntara por el caso Vermut. De la revista *¡Hola!* a Europa Press. El tema era transversal, como sucede en el día a día.

De aquella noche agotadora recuerdo dos momentos que con el paso del tiempo me han resuelto algunas de las dudas que planteaba al inicio de este capítulo.

El primero es esta respuesta de la actriz Carolina Yuste: «Tenemos grupos de WhatsApp de actrices y ha sido muy bonito compartir el reportaje entre nosotras y decir que estamos juntas. Dentro del horror, lo importante es que esto se sepa. Y es hermoso sentir que nos estamos agarrando fuerte entre nosotras. Que tenemos un lugar adonde ir». Romper las barreras de los grupos de mensajería es algo así como empezar a levantar el manto del silencio que cubre a esta industria.

El segundo es el momento en el que me llama la jefa de prensa de Urtasun para decirme que el ministro y la vicepresidenta Yolanda Díaz se dirigen hacia nuestra posición con una noticia. Aquella noche anunciaron la Unidad de Prevención y Atención contra las Violencias en el Sector Audiovisual y Cultural, en colaboración con varias instituciones como la Academia de Cine, el Observatorio de Igualdad de Género en el Ámbito de la Cultura, MIN (Mujeres de la Industria de la Música) y la Academia de las Artes Escénicas.

Casi a la vez, el Ministerio de Igualdad llegó a un acuerdo con CIMA para elaborar un informe sobre la industria audiovisual y los «entornos seguros para mujeres». Unos meses después, el Servicio de Atención a los Abusos en el Sector Audiovisual de la Academia de Cine de Cataluña presentó su primer balance tras dos años de funcionamiento. Recibieron más de ciento cincuenta casos de abusos en instituciones públicas y privadas del sector, detectaron tres agresiones sexuales y realizaron veintiún acompañamientos a víctimas y testimonios de abusos.

Y aún quedaban los Goya, el 10 de febrero de 2024. El guion se reescribió para recoger la condena a las agresiones. Estas fueron las palabras de Ana Belén al inicio de la gala:

> Cómo ser mujer y no morir en el intento. Las mujeres del cine, como todas, no queremos intentos para vivir. Es urgente que todos exijamos certezas de igualdad y eso pasa por condenar todos los abusos y el abuso sexual. Y por revisar de manera profunda las estructuras que lo permiten. Aquí en el cine también se acabó.

+++

Entre las 8.05 y las 8.10 de la mañana del 25 de enero de 2024 lloré por primera vez. Estaba en la cocina de mi casa, llevaba ya más de una hora en pie por los nervios y por los horarios a los que se despiertan mis hijos. La radio estaba encendida, ya había escuchado un primer resumen de noticias, pero nada, no decían nada de nuestra investigación. Notaba cómo la ansiedad iba en aumento, pero era más o menos capaz de gestionarla porque tenía que seguir preparando los desayunos y el almuerzo de mis hijos. A las 8.00, Àngels Barceló dio su opinión, como cada mañana. Ni una mención. A continuación, José Luis Sastre comenzó con el repaso a las noticias del día. Entonces sí. Mandé callar a todo el mundo. Coloqué el móvil en la encimera, entre las palmas de mis manos, justo en el centro, y lo miré fijamente, como si necesitara situar la mirada sobre el teléfono para escuchar mejor la radio. Empecé a llorar y, tras unos segundos, levanté la cabeza, me giré y abracé a José.

Además de leer el titular de la información, Sastre se detuvo en alguna de las declaraciones de las tres primeras mujeres que se atrevieron a romper el silencio. De esa manera, pensé, no era una frase más en el carrusel de noticias, les habían dado voz a ellas y, confié, su testimonio calaría mucho mejor entre los oyentes.

Yo llevaba desde las siete de la mañana actualizando los comentarios a la noticia en la web de *El País* y rebuscando en Twitter las reacciones. El impacto a primera hora aún era pequeño. Lo habitual. Trabajo a diario con herramientas que miden el tráfico de las informaciones que se publican en el periódico y que, además, nos ofrecen a los periodistas otros datos, como las franjas horarias de mayor consumo de información.

Con el nivel de ansiedad que manejaba aquella mañana, todos mis conocimientos sobre picos de tráfico fueron inútiles. A las 8.15 mandé un mensaje en el grupo de WhatsApp de Cultura para preguntar si el reportaje se estaba leyendo. Raquel, mi otra jefa en la sección, me respondió: «Ahora mismo 3.500 concurrentes». Se refería al número de personas que estaban leyendo el texto en tiempo real o, como mínimo, tenían la noticia abierta en su navegador.

El 90 por ciento de mi cerebro estaba copado por las reacciones a la investigación. Silencié el móvil porque tenía que vestir, asear y llevar a mis hijos al colegio. Aun así, era capaz de percibir el alud de mensajes que se precipitaba en la pantalla.

Empecé a disociar desde primera hora. Me veía a mí misma desde fuera, espectadora de la película de mi propia vida; una mujer que ejecuta una rutina automática, como todas las mañanas. Pero aquel día nada era tan ordenado. Mis movimientos por casa eran torpes y erráticos. No es que tenga una capacidad de control robótica (ni bien entrenada la crianza respetuosa) hacia mis hijos, pero la sentía más descontrolada de lo habitual. Hasta tal punto que poco antes de salir de casa, en un arranque de desesperación porque el mayor llevaba lo que sentí como una eternidad tratando de ponerse las zapatillas, le agarré fuerte de la cara y le pegué un grito. Ni siquiera la cara de susto que me devolvió me hizo volver en mí, a ese lugar y momento.

A las 9.30, lloré por segunda vez. Estaba en la clase de mi hijo, rodeada de niños y niñas de entre tres y cuatro años, algunos padres y madres, y su profesora. No recuerdo bien cómo fue el primer intercambio de palabras; lo que me quedó claro fue que la profe se dio cuenta de que algo me pasaba. Yo traté de disimular contándole que había perdido los nervios. Ella, como siempre, me calmó, le restó gravedad, y cuando me iba a dar algún consejo me derrumbé. No podía hablar. Metí la mano en el bolso, saqué el móvil y solo pude decirle: «Es que acabo de publicar esto, mira». En la pantalla estaba la portada de *El País* con la información de Vermut abriendo la columna 2 (un lugar reservado solo a grandes noticias). Me abrazó y me dio las gracias. Creo que me dijo algo así: «No lo he leído, pero esto es muy importante para las mujeres».

Salí del colegio con las gafas de sol puestas y la esperanza de que nadie se hubiera dado cuenta de lo que me había sucedido en el aula. Ninguna de esas personas me ha dicho nada después, aunque dudo mucho que en un espacio tan pequeño no se percataran.

De vuelta a casa, subiendo una cuesta con la bici de mi hijo en la mano izquierda y el móvil en la derecha, escuché un audio de Gregorio. Él también había dejado a los suyos en el colegio y su familia le había mandado una foto de su madre, en aquel momento enferma, con el periódico del día, muy orgullosa de lo que había hecho. Eran casi las diez cuando volví a llorar.

Exhausta y helada en la cama, en el silencio, me di cuenta de que ya se habían puesto en marcha algunos cambios.

«Ojalá sirva», escribí como en un mensaje de WhatsApp en mi cabeza.

«Joder Ana... Está sirviendo ♥🔪🪣💧⛏», me respondió pasados unos días una de las primeras mujeres que se atrevió a romper su silencio.

Un tiempo después, el resto de las mujeres que dieron su testimonio para ambos reportajes nos escribieron. Querían saber si las podíamos poner en contacto entre ellas. No se conocían, pero al final se encontraron.

Epílogo

He escrito este libro porque, en algún momento entre enero y febrero de 2024, en el restaurante El Imparcial de Madrid, Paloma Abad, mi editora, dio por hecho que quería hacerlo. «Pago yo, que esta comida ha sido de trabajo», me dijo con la convicción de que el proyecto de libro ya estaba en marcha. Yo, en cambio, salí del restaurante con la culpa de no haber sido lo suficientemente rápida en sacar la tarjeta y ponerla sobre el datáfono. ¿Qué podía aportar yo a esta conversación?, ¿qué más podía decir que ya no estuviera contado en libros, podcasts, stories y vídeos de TikTok de inteligentísimas mujeres? Ya se le olvidará, pensé.

Paloma me ha llevado de su mano en este libro que se compone de las reflexiones (y dudas) que no caben en dos investigaciones limitadas por los caracteres de un periódico, y en las que me sumergí posteriormente. Los testimonios que has leído han sido editados para seguir preservando el anonimato de las mujeres valientes que dieron un paso adelante y se atrevieron a contar sus historias.

Me gustaría contarte también brevemente en qué condiciones materiales y emocionales he escrito este libro, porque de alguna manera esas circunstancias también hilvanan sus páginas. Esbozan algo así como el decorado de mi trabajo como periodista de investigación.

Desde finales de 2020, tal vez incluso un poco antes, después de que naciera mi primer hijo, me había ido convenciendo a mí misma de que dejaba atrás una etapa laboral para sumergirme en otra más calmada, acorde con mis nuevas necesidades. Para conseguirlo, me convertí en una experta de la nueva cultura del trabajo que surgió de la gran dimisión pospandemia y que lidera la generación Z. Y de esta manera me empecé a repetir a mí misma frases como: «El trabajo no dignifica, no te significa». «No hay que vivir para trabajar». «La vocación, también en el periodismo, es una trampa del capitalismo para trabajar gratis». «No eres peor periodista por cumplir con la jornada laboral que establece tu contrato». «Ya has llegado a esa fase final de la deconstrucción *millennial*: se acabó creer en la cultura de la meritocracia, en el "si quieres, puedes", en que a mayor esfuerzo mayor recompensa. Al fin y al cabo, lo importante siempre pasa fuera de la oficina».

La realidad, sin embargo, es tozuda y se adapta muchísimo peor a esta narrativa. Porque, por mucho que yo tuviese presente cada una de las estadísticas que concluyen que estamos agotadas de este cuento, sabía que en el trabajo y en otros lugares se me invisibilizaba. Una mujer, al final de la treintena, con dos hijos, que escribe sobre arte. Me parecía la definición perfecta de ser transparente. Y ahí te las apañes con tu campaña de evangelización por la abolición del trabajo y tus contradicciones aparejadas.

Por eso, y aunque me cueste reconocerlo, esta es una de las razones por las que a principios de 2023 les propuse a mis jefes empezar a investigar posibles abusos en el cine. Sabía que no quería volver a estar exhausta por el trabajo, pero a la vez necesitaba recuperar la confianza en mí y mis capacidades para demostrar que era el momento y que yo podía hacerlo.

He pasado los últimos meses cumpliendo, todos los días, con mis tres jornadas laborales de la mejor manera que he podido. A las que he añadido otra, despertarme entre las cinco y media y las seis de la mañana para escribir mientras mi familia duerme, y, cuando no era posible, tratar de sacar alguna hora extra después de que mis hijos se durmieran a las nueve. No siempre he conseguido un par de horas de calma y concentración. Algunos amaneceres he podido comprobar que mis hijos me tienen geolocalizada hasta en sus sueños. He tratado de organizar mi tiempo con la minuciosidad de la que solo las mujeres somos capaces; y aun así he llegado al final de este camino con una muela menos a causa del estrés, y probablemente no haya sido la madre, la amiga, la pareja y la compañera de trabajo deseada en algunos momentos del último año. No me gusta escenificar el drama, soy consciente de mis privilegios.

Tampoco es que ahora tenga un altavoz. No soy una periodista conocida. Y es posible que este libro sea mi primera y única experiencia editorial. Sigo militando por la prejubilación. No me he quitado de encima el síndrome de la impostora, Paloma bien lo sabe. Mi única pretensión, y sé que no es pequeña, es que este breve libro que tienes entre las manos sirva de algo. Porque para nosotras nada está garantizado.

Agradecimientos

Este libro lo he escrito por todas nosotras, y por mi hija Carmela y mi hijo Telmo. Nunca los pierdo de vista, y menos cuando trato de imaginarme un lugar mejor para ellos.

Gracias a José, que me acompaña a cada paso, que me mira y me devuelve un reflejo de mí misma esencial para seguir adelante cuando soy incapaz de verme y me quedo sin fuerzas.

A Javier y Aurora, mi padre y mi madre, por su amor y su apoyo incondicionales. Probablemente, este libro no lo hubiera podido escribir sin su ayuda, porque ellos siempre están, también para mis hijos. Y a mi hermano, Javi.

Gracias a Elena y Gregorio; me cuesta imaginar mejores compañeros para un viaje tan duro y apasionante.

A todas mis amigas.

Quiero agradecer a Paloma que confiara en mí para este proyecto y que no me haya soltado en este tiempo, a su manera tan gallega, con esos mensajes que me han dado fuerza hasta el final.

Y a las mujeres que en estos años han confiado en mí, sin conocerme, para contarme su historia. Vuestra palabra vale todo. Yo sí os creo.

«Para viajar lejos no hay mejor nave que un libro».

EMILY DICKINSON

Gracias por tu lectura de este libro.

En **penguinlibros.club** encontrarás las mejores
recomendaciones de lectura.

Únete a nuestra comunidad y viaja con nosotros.

penguinlibros.club

Penguin
Random House
Grupo Editorial

 penguinlibros